君子藏器于身待时而动

白斌 著

大白的谈判课

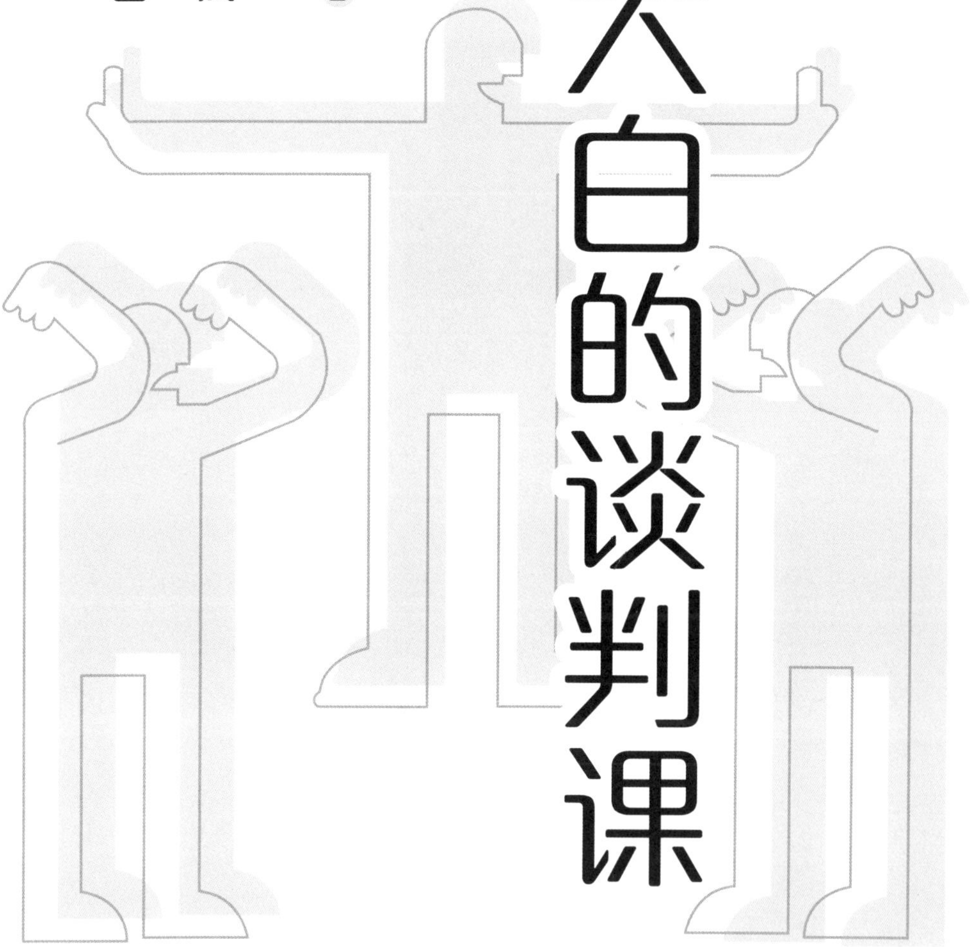

人人用得上的20个谈判技巧

中国法制出版社
CHINA LEGAL PUBLISHING HOUSE

献给我的爱人乔宇娟，

正是在和她无休止的沟通过程中，

我领悟和捕捉到了谈判学的光影世界；

同时也感谢她，

陪伴我阅读人生最难熬的岁月。

自序

Preface

您翻开的这本书纯粹是意外的产物，就像作为读者的您和作为作者的我在此书中意外地相遇一样。

2010年9月，我脱掉了“学生的外衣”，正式进入中央财经大学法学院任教。在这个新近崛起的法学院里，我蓦然发现，我的专业——在传统法学院里很受欢迎的宪法与行政法学——在这里却没什么市场。很少有学生对我的研究感兴趣，这对我来说是一场巨大的灾难。也正因如此，我认识到：思想并不必然有其市场。市场经济最可怕的地方在于它把商品好坏的判断权交到了消费者手里。而思想家要想在这个时代生存下去，唯一的办法就是根据消费者的需要生产产品——“思想”——用于交换。换言之，要么为你现有的产品找到合适的消费者，要么就为现在的消费者提供他们感兴趣的产品，而我只能选择后者。

与此同时，《法律谈判》课程也正在寻找自己的主讲人。作为教育部规定的法律硕士实践环节必修课程，《法律谈判》本应当是高等院校法学院系开展法律硕士职业教育的必设课程，但现实的状况是：有能力开设本课程的高校为数甚少，而已然开课者也在课程教学方面举步维艰。据我所知，中央财经大学法学院是当时我国唯一开设《法律谈判》课程的法学院，可谓领风气之先。但《法律谈判》课程却一直以来都缺乏专职的教学研究人员，教学队伍极不稳定。在教学过程中，因为缺乏经验，仍然采取传统的那种“满堂灌”的教师主讲模式，学生没有参与的机会，只能被动地接受知识，课堂气氛极其沉闷，教学效果亦不见佳。而在授课内容方面，则由于国内一直没有出版可用的《法律谈判》教材，相应地，这方面的研究成果也甚为罕见，几乎没有可资利用的前期资料，无形中也增加了教学的难度。以上种种，都使得《法律谈判》在中央财经大学法学院似乎成为一块“烫手的山芋”，人人视为畏途，没有人愿意接任此课。与对其他课程的争相抢夺相比，此课的处境自然是一大奇观。

基于青年人的懵懂和冲动，我主动要求承担了本课程的授课任务。当然，这绝非由于一时的头脑发热，而是经过复杂的思量的。一方面，由于没有竞争者，而且是必修课，本课程的授课工作将会非常稳定，法律谈判将真正地成为我的“专”业；另一方面，我有可能持续地关注、积累和研究法律谈判领域的各项课题，形成自己的谈判学思想体系。于是，不管是有意为之，还是误打误撞，我开始了我的法律谈判之旅，开始用谈判学的视角来观察和揣度人生。而您将在阅读本书之后领略到，这绝对是一次奇妙的旅程！

本书是我在中央财经大学法学院几年来授课内容的衍生品。由于本书的许多内容脱胎于课堂，因此不可避免地带有口语化的特点，为增强其可读性，我都尽量加以保留，希望这不至于让那些对于严肃性有着特别偏好的读者有多余的误解。为了降低读者阅读的门槛，我删除了法律专业的内容，使得本书适合于所有对提升自己沟通交流能力感兴趣的读者。请相信：在理解方面，本书绝对没有壁垒。

我本不是一个自信的人，对于自己作品的出版价值以及读者的反应实际上没什么把握。在写作过程中，这种焦虑感一直伴随着我。所以，本书的交稿一拖再拖，并非由于“绝技不可外传”的观念，而是陷入了一种“野人献曝”的心理困局，当然还有我的懒惰。

带着这样的忐忑心情，我将本书奉献给每一位“意外遭逢”本书的有心读者，希望您能从中有所收获！

确定无疑的是：您的收获将使我内心安宁。

白 斌

2022 年 6 月 1 日

于中央财经大学

目录

Contents

第一课

走进谈判之门

我们每个人一出生便懂得饮食，但营养学、健康学仍然非常重要。由于个体的眼界和思维能力的局限性，一个人的经验积累自然是非常有限的，而且要达到一定的程度所要求的时间会非常漫长。作为一门学问的谈判学，乃是一代又一代的谈判研究者在收集、整理、分析前人丰富复杂的谈判实践资料的基础上，通过去芜存菁、抽象提炼，最终形成今日内容丰富、体系规整的理论体系，用以指导具体的谈判实践。

一、每个人都身处谈判世界

你可能经常以顾客的身份去购物，并与售卖者进行如下方式的对话：

顾客：老板，葡萄多少钱一斤？

老板：30。

顾客：抢钱啊！超市才 20。

老板：你得看质量，都叫葡萄，差别可大了。像我这种，超市起码得卖 50。

顾客：不会的，跟你这种一样。

老板：你什么时候看的？

顾客：昨天。

老板：呵呵，难怪呢，现在是春节，一天一个价。昨天我才卖 18。今天进价都得 25，你总得让我赚点吧！

顾客：那 27 一斤吧，我多买点。

老板：买多少？两三斤就别讲价了。

顾客：你要便宜得越多，我买得就越多。呵呵。

老板：买 5 斤以上给你 29，买 10 斤以上就 28。

顾客：我买 10 斤，你给我 27 一斤，怎么样？

老板：佩服，你这人真厉害，我这都赚不到钱了。好吧，27 就 27。

或许你并不知道，在你和售卖者之间你来我往，讨价还价的过程中，存在一门非常重要的学问：谈判学。所谓谈判，乃是人类通过对话、协商来进行社会合作、交换或者解决纠纷的一种方式。而谈判学，便是专门研究一般性的谈判原理以及谈判者在一定的谈判情境中可能应用到的有效谈判技巧的学问。

这里必须交代的是谈判和与其相近似的“调解”的关系。在本质上，调解是谈判的一种，即由第三人主持并参与的一种纠纷解决类谈判活动。所以，整个调解过程与谈判的区别并不大，特别对纠纷的当事人而言更是如此。但作为学术研究的调解学和谈判学存在重大差别：谈判学是以谈判当事人为立足点展开的学问，而调解学主要是以调解人主持调解以解决双方纠纷的理论和技巧为对象的学问。二者的视角迥然有别。

与调解学相比，谈判学有着异常广阔的应用范围，并不仅仅限于纠纷解决，更不限于讨价还价式的买卖谈判。只要人类社会（两人以上）存在，合作便是必要的，因为你总是需要别人的行动来满足你的需要；进而，在交往与合作的过程中，纠纷的产生也就同样难以避免。只要人类之间存在共同利益和不同利益，合作和冲突便是必然的。于是，需要通过谈判寻求合作、消除分歧的场合就一直存在，在现代社会甚至变得越来越多。这样，谈判学便有了广阔的应用空间。在这个意义上，人的一生时时刻刻充满了谈判的因素，只是你未必能意识到这一点，更不会从谈判学的专业角度加以考量罢了。

请想一想，每天你一睁开眼，就开始和你的爱人商量今天谁应当去做早餐，不管结果如何，另一方大概会负责洗碗。出门上了公交车，你突然发现你忘记了带公交卡，而且你从来没有带零钱的习惯，返回去取已经来不及了，于是你只能硬着头皮去跟售票员商量，能否下次再补票。如果人家不同意，也无法兑换零钱，那你还得恳求某位素未谋面的乘客帮忙，为你买一张车票。到了办公室刚落座，你的三名下属便叩门而入，小心翼翼地向你提出请求，鉴于物价上涨、生活成本提高，希望你能出面去跟老板说，为他们涨一点薪水。你答应他们去试一试，谁知刚见到老板，他便向你抱怨现在生意难做，员工们工作也不够卖力，只是一心想着涨薪水，并放出狠话，谁要是再跟他提涨工资的事，谁就立马卷铺盖滚蛋。你灰溜溜地离开了老板的办公室，同时也在庆幸自己没有开口提员工薪水的事。将情况告知那三位员工之后，你从他们的目光中看到了浓浓的失望之情，突然其中一位变得情绪失控，愤怒地说要把老板宰了，然后自杀。你惊呆了，耐心地安慰了他半晌，并表示特别理解他的困难，以后如果有好的项目一定优先交给他处理。正谈着，你的客户来访，你们讨论了这次合作的技术细节，但是在代理费数额的问题上发生了激烈的争执，对方威胁说：如果你们不让步，他们将会终止合作，去寻找其他的代理人。正在你焦头烂额之际，你的宝贝儿子打电话过来，说希望在他下周的生日派对上能够收到一部最新款的苹果手机作为 18 岁的生日礼物，因为他的朋友基本上人人都有而他没有，在朋友们面前很没面子。你答应会认真考虑他的要求。终于，整个世界安静了，你准备坐下来喝口咖啡，读读报纸。翻开当日的新闻页面，“俄罗斯和乌克兰展开和谈”的标题赫然入目，“朝核六方会谈”说不定也正在紧张筹备之中……

不论你是否意识到，社会生活中的绝大多数事务，大的如武装冲突、领土争端、国际合作，以至于美苏两个超级大国就限制核武器达成协议，小的如求职、面试、夫妻矛盾、柴米油盐酱醋茶的采办，无处不充斥着谈判的身影，对这些事情的认识和处理都与谈判能力有关。可以说，你的整个生活被包围在谈判之中！易言之，**谈判已经构成现代人最重要的生活方式**。

正如有学者所指出的：生活乃是一张巨大的谈判桌。不论你是否情愿，一旦坐到了这张桌子旁，你都得坚持下去。在这个意义上，谈判技巧乃是一种非常重要的生存技能，它可以让你在社会生活的各个领域游刃有余。特别是在市场经济的时代，谈判能力的培养可以帮助你用最小的成本获得最大的收益。

我们知道，就商业活动而言，创造利润主要有四种途径：打开销路、推陈出新、节省开支、谈判。前两种往往需要巨大的前期投入，而且见效没有那么快；开支也不是想节省便能节省下来的；唯有谈判，仅需要一定的人力投入，再花上一点时间和耐心，便能获得收益。谈判收益也就直接成为利润，即谈判所得都是净利润。正如美国著名谈判专家罗杰·道森所言："谈判是世界上赚钱最快的工作。"它几乎不需要什么成本，派几个人，顺便带上他们的嘴巴便足够了。

就法律职业而言，最主要的职业活动便是谈判。大大小小的合同谈判，紧张刺激的人质谈判，烦琐复杂的国际谈判，甚至在代表当事人与对方进行和解、调解的过程中也处处都是谈判的身影。可以说，对于法律人而言，嘴巴便是他的武器，语言就是他的弹药。而在丰富的法律知识的基础上，良好的谈判素质和娴熟恰当的谈判技巧也会使法律人的职业道路平坦许多。

二、谈判的优点

总的来说，在解决纠纷的诸多方式中，谈判具有如下优点：

1. 和平性

谈判一般会以和平的方式处理双方或多方利益冲突或纠纷，相较于单纯以武力强弱或者硬碰硬的解决争端的方式，对双方当事人而言，无疑更为安全，成本相对较低，结果也更可预期，且不会对人际关系造成大的破坏，更有利于社会关系长久地维持和延续。

当然，是否所有的谈判活动都必然具有平等性，这一点在理论界存在争议。然而可以肯定的是，利用谈判，各方起码可以维持外观上的平等地位，这比赤裸裸地使用武力或者以武力相威胁要好得多。

2. 自愿性

谈判都是各方自愿启动、参与协商而成的。相较于其他诸种争端解决方式，谈判更容易发挥当事人的积极性和能动性，因此对当事人及其主观意愿更为尊重，争端各方因此也更容易把握解决的结果和事态的走向。以诉讼而言，一旦启动了诉讼程序，整个事件就必然依照国家相关诉讼法的规定发展，案件最终的胜负将受制于法官的专业水平、个人修养、主观好恶，证据的收集程度和证明力，对方当事人及其律师的实力状况，实体法和程序法上的具体规定等诸多可测和不可测的因素。而谈判不同，当事人可以随时控制谈判的进程，对谈判的结果表示接受或拒绝；如果谈判不成，仍然可以选择仲裁或诉讼等其他争端解决途径。进一步来说，由于谈判的自愿性，对于谈判达成的协议，当事人在执行上会更加心甘情愿，所以相较于其他纠纷解决方式，谈判结果的落实也会更加顺畅。

3. 秘密性

根据诉讼法的规定，除涉及个人隐私、商业秘密和国家秘密之外，一般而言，审判都应公开进行。但公开性在有助于维护审判公正的同时，却不利于维护诉讼参与者所有的那些无法纳入个人隐私范畴的宽泛意义上的个人秘密，甚至也在无意中将冲突双方的矛盾公开化了。与诉讼不同，谈判则可以有效地避免这些缺陷。和平、秘密的谈判过程维护着争议各方起码的“面子”，这也成为谈判在纠纷解决实践中备受青睐的重要原因之一。

4. 创造性

由于受到实体法和程序法的制约，仲裁和诉讼在解决纠纷的过程中，往往没有诞生创造性解决方案的可能性，因此裁判结果大多只能就事论事地针对当下个案、依照法律事先所规定好的方式解决。此种解决方案就个案而言可能是正义的，但在长跨度的社会交往情境中，却可能有违公正，且简单地以货币赔偿等法律事先规定好的处理方式弥合双方裂缝，也略显单调。

与此不同，谈判由于一直在各方当事人的控制之下，信息交流更为通畅，因此纠纷的解决更容易照顾到当事人之间长久以来的社会关系的弥合与延续，也更容易设计一种具有创造性的、能实现双赢的方案，从而实现创造性妥协。

三、学习谈判的必要性

初学谈判者往往会有这样的疑虑：谈判似乎是一种天赋能力，每个人几乎天生就会谈判，那么我们还为什么要学习它呢？

不得不承认，在这个商业时代，讨价还价似乎已然成为人的一种天性。但是，如果我们仔细回忆一下，就会发现：我们现有的谈判技能其实都是从小在观摩他人的谈判实践过程中逐渐积累而成，而并非一生下来便晓得的。当然，即便承认每个人天生就会谈判，我们还是有学习谈判学的必要。就像每个人天生就会运动，但我们还是要学习运动原理一样。我们每个人一出生便懂得饮食，但营养学、健康学仍然非常重要。由于个体的眼界和思维能力的局限性，**一个人的经验积累自然是非常有限的，而且要达到一定的程度所要求的时间会非常漫长。作为一门学问的谈判学，乃是一代又一代的谈判研究者在收集、整理、分析前人丰富复杂的谈判实践资料的基础上，通过去芜存菁、抽象提炼，最终形成今日内容丰富、体系规整的理论体系，用以指导具体的谈判实践**。是数代人的心血所凝结，绝非一个人——即便其是聪明人——的个人谈判经验的积累所能比拟。

归纳起来，对于现代人而言，学习谈判可以有如下好处：

1. 识别可以谈判的场合

并非所有场合都可以进行谈判，有的场合并不适于谈判，即便坚持谈判也会劳而无功。因此，为了节省时间和成本，识别可以进行谈判的场合便变得非常重要。本书将告诉你一些一般而言不适于进行谈判的场合，以节省你的时间和精力，并提高你在谈判实践中的成功率。

2. 了解谈判的基本理论

绝大多数的天生谈判者都无意于在谈判开始之前认真研究谈判步骤、设计谈判方案，也不会关心你的谈判对手属于什么类型的谈判者。而专业的谈判者需要了解一个正常的谈判会有哪些基本的步骤，在各个步骤分别应当进行哪些准备工作，应当选择什么样的谈判时间和地点，你的谈判伙伴属于什么类型的谈判者，整个谈判进程采取何种谈判策略为宜，等等。所谓“成竹在胸，临事不乱”，对于谈判步骤、谈判策略的整体谋划将有助于你确立健康的谈判心态，在谈判进行过程中做到有备无患。

3. 把握娴熟的谈判技巧

许多人都可能根据自己的切身经验总结出若干实用的谈判技巧。但是，法律谈判课程将针对法律人谈判实践的具体要求，向学习者全面完整地、有系统地传授经过丰富谈判实践检验的实用技巧，并告诉你其可应用的具体情境、尺度以及相应的应对技巧。此外，世界上存在诸多不同的民族，每个民族都会有自己独特的谈判风格、谈判心理和谈判技巧。

举一个发生在我们身边的例子。

我曾读到一则关于张艺谋的电影《金陵十三钗》放映合同谈判的新闻报道。其中，上海联和院线副总吴鹤沪的话可能比较直接地呈现了中国人对于谈判的典型心理，他在回答记者提问时表示：“今天我们就可以和新画面谈，而且不叫谈判，你们讲得太难听，叫磋商、商量。”

与吴鹤沪相同，绝大多数中国人不喜欢“谈判”这一表述，认为它太过正式，太过严肃，不如磋商、商量来得亲切。我们这个民族喜欢商商量量地办事，所谓“有话好商量”。换言之，在谈判心理上，可以说，这体现了一种非常典型的合作型谈判心理。在谈判学上，应对不同文化背景的谈判者，是有一套成熟的谈判策略和技巧的。进入谈判学之后，你将了解他们各自不同的谈判风格和心理，从而在正式谈判之前能够做到有针对性地设计应对措施。

4. 取得良好的谈判结果

不论是否情愿，你都是一名谈判者。你可能经常参加谈判，甚至很有自己的心得，但你未必能取得良好的谈判结果。在谈判中，没有最好，只有更好的结果。接受谈判学训练，加上不懈的练习，无疑能帮助你在谈判中对于良好的谈判结果具有更多的可期待性。专业的谈判者并不必然会去抢夺超出其应得部分的利益好处，但他绝对会拿到本应当属于他的那一部分。

5. 运用谈判理论来分析社会事件

当然，学习谈判理论并不仅仅有助于你参与各种类型的谈判工作，还可以帮助你分析各种类型的复杂信息，从而作出准确的判断和决策。我们可以举一个例子来说明。

2011年8月30日，中国新闻网有一则报道：利比亚首都的黎波里和南部卡扎菲家乡苏尔特等地仍有激战发生，而卡扎菲政权日前提出要与反对派进行谈判，但遭到反对派明确拒绝。反对派称，在卡扎菲投降前不会与其谈判。

大家是否还记得，当时利比亚的局势很紧张，双方激战正酣，前途晦暗不明，没有人知道最终会鹿死谁手。但从谈判学的角度分析这篇报道，我就知道，卡扎菲肯定没戏了，反对派要胜出。当然，丝毫不会令人感到意外的是，隔了一段时间，一两个月后，卡扎菲政权就被推翻了，卡扎菲自己也惨遭杀害。

那么，我是怎么做到事先准确预测的呢？

其实很简单。谈判理论中有一种特殊的谈判类型，叫作“战争谈判”。大家知道，战争最终是靠实力说话的，对这一点双方都心知肚明。如果单凭武力便能制服或消灭对方，那么谁都不愿意通过谈判来解决：耗时耗力不说，还给了对方喘息之机。因此，在战争状态下提出谈判邀请是需要非常谨慎的，而且需要进行一定的策略安排。比如，在战争谈判实践中，一般来说，都是通过第三方提出和谈倡议，而不宜由参加战争的一方主动、直接地向对方提出谈判邀请。

最典型的可以举朝鲜停战谈判的例子，当时是由并非参战国的苏联首先提出建议，建议交战双方停火谈判。然后，中方和美方以附和的方式接受该建议。在时机上，一定是在战场上双方势均力敌、难分轩轾的时候，提出和平谈判的时机最好，被对方接受的可能性也最大。这就是所谓的“打不赢就谈”。也就是说，在打得赢的情况下，是没有谈判发挥作用的空间的。

但不幸的是，卡扎菲似乎对谈判学一窍不通，在这两点上都犯了致命性错误。这样没有前期策略安排铺垫而提出来的谈判邀请，本质上就成了向对方示弱的表现，恰恰说明其自身已然对获得战争胜利失去了信心。

这只是运用谈判学知识来观察和分析问题的一个普通例子，实际上，它的应用空间远比你能想象到的更加广阔。我们可以再举一个更为生活化的例子。相信大家都知道江苏卫视的《非诚勿扰》，这是一个相亲节目，有一段时间很火，收视率很高。我是一个特别喜欢凑热闹的人，说得好听一点叫作“兴趣爱好广泛”，所以也找来看了看。

这个节目的程序设计很有意思：预先安排24位女孩子，然后让报名参加节目的男生到现场做自我介绍，和女生进行交流，女生以留灯和灭灯的方式表示是否对其有好感。经过三轮介绍性的视频短片播放之后，对于仍然留灯的女生，男生开始行使选择权，然后由被选择的女生决定是否跟他一起离开。

这是一个典型的一对多的谈判模式，而你的潜在“客户”只能有一个，她就在这个“多”之中：你在选择她，她也在选择你。更重要的是，最初的选择权根本不在你手里，而在对方手里。这样，从谈判学的角度看，如果你是一名男孩子，想去《非诚勿扰》碰碰运气，你就需要根据节目的这种程序安排的特点设计妥当的谈判步骤。

在谈判策略上，谈判过程的前期，你必须运用“最大挽留”的策略，也就是要想方设法让更多的人给你留灯。只有这样，到了后期，你才可能有机会行使你的主动选择权。这就是宏观战略：前期的任务不是排除选项，而是为下一阶段保留选项。

就谈判挽留的具体技巧而言，则切不可在前期便急迫地行使“选择权”，用语言或肢体动作排斥某种类型的选项，即便是你特别不喜欢的类型也不要急着排斥。在措辞上，则应尽可能运用肯定式语句，如“我喜欢……”；而不是否定式语句，如“我不喜欢……”。喜欢的内容也应当尽量抽象，比如喜欢善良、正直、富有同情心、有修养的女孩子；切忌具体，比如“身材修长苗条”“有一头飘逸的长发”“唱歌好听”“性格开朗”之类。因为几乎每一个人都会觉得自己善良、正直、富有同情心，也不乏修养，所以你不会得罪任何人，她们绝不会因为你措辞不当而灭灯。如果太过具体，则你每说一点，在留下一些人的同时也送走了另一些人。

当然，同时影响相亲成功的因素会有很多，如家境、经济状况、职业、外表等，措辞只是其中之一。我们要强调的只是：在同等条件下，运用上述谈判策略和技巧，取得成功的机会会大很多。

第二课

谈判的基本立场

关系谈判学一方面强调在关系中有效地分配资源、解决纠纷，另一方面也强调通过谈判来维护和增进关系。换言之，关系谈判者的谈判目标同时包括两项：其一为经济性利益，即获得更多的资源和物质利益；其二为社会性利益，即通过谈判来确立信赖、维护社会关系。我们的宗旨，概括为一句话便是：在关系中赢得谈判，在谈判中增进关系。

谈判立场是理论研究者为了方便把握多样化的谈判者的谈判风格，而进行的类型化总结。目前，在学术界通常承认的理想型谈判立场主要有两种：**合作型谈判者和竞争型谈判者**。这里需要提醒读者注意的是，这两种类型的谈判者都属于马克斯·韦伯所谓的理想类型，在现实生活中未必存在诸特点表现如此集中、纯粹的谈判者，现实中绝大多数的谈判者都融合了合作型谈判者和竞争型谈判者各自的某些元素，只是某一类型的特点占据主导地位、更为突出罢了。

一、合作型谈判者

这种类型的谈判者在竞争性或者说侵略性方面并不强烈，他们往往将谈判视为一种寻求和对方合作的过程，因此自然地就倾向于将对方视为可以合作的朋友。为了达成合作，他们往往会以友谊或长远关系的名义积极地作出让步，并将这种利益上的让步作为善意的一种表现，且相信对方也会由此信任自己。

在日常生活中，合作型谈判者对人对事一般都采取温和态度，与人打交道也倾向于推心置腹，实话实说。反映在谈判中，也就经常性地将自己的底牌告诉别人，遭遇对方的质疑后，会认为这是对方对自己人格不够信任。如果对方向自己哭诉困难、大倒苦水，那么合作型谈判者下意识的选择便是大掉同情之泪，并改变自己已经设计好的谈判立足点，从而通过让对方得到实惠、自己承受单方面损失来推进合作的开展。在谈判策略上，则多运用以理服人、以情动人的技术，并以维护双方的人际关系为其着眼点。

在竞争性的场合，合作型谈判者往往表现得极不适应，手足无措，紧张尴尬，觉得很不舒服。他们更愿意在平和稳重、气氛缓和的环境中进行谈判，而不喜欢剑拔弩张的气氛。在其性格的底层，勇敢的品质较为欠缺，以忍让为美，积极地避免和对方进行意志的较量。一旦身处意志的较量之中，他们的防卫性特点会表现得比较明显，不需对方强逼，便会积极地寻求妥协方案。

此种谈判者伦理性程度很高，非常适合参加在家庭内部、朋友等熟人之间开展的非物质利益分配性质的谈判活动。

二、竞争型谈判者

与合作型谈判者正相对立，竞争型谈判者在谈判中更具侵略性。在他们看来，谈判桌上没有朋友，只有敌人。因此，他们从来不会信任对方，其参加谈判的主要目标乃是在和对方的交流中获得胜利：精神的胜利（在精神上展示自己比对方更优秀、更聪明）和物质利益的胜利（以最小的成本从对方那里攫取超额的物质利益）。

在日常生活中，竞争型谈判者对人对事都倾向于采取强硬态度，与人打交道也喜欢运用威胁、利诱之类的技术。反映在谈判中，其相信只有在压力之下，对方才会合作。对竞争型谈判者来说，实体利益永远优先于人际关系，故而维持双方人际关系的前提是对方首先作出让步。竞争型谈判者从不首先让步，也不认为可以通过自己的让步换得对方的让步，他们坚定地捍卫着自己的立足点不动摇，在这个问题上甚至表现得有些固执。他们要求对方不断地让步，并把对方单方面让步到让自己满意作为达成协议的条件。在谈判策略上，多运用以力服人的技术，经常性地以退出谈判相威胁。

在竞争性的场合，竞争型谈判者就会表现得如鱼得水，攻击性也会更强。他们钟情于剑拔弩张场合中紧张刺激的感觉，并将其视为一种意志的较量，以在较量中获胜作为谈判的目标。在其性格的底层，谦让的品质较为缺乏，以强硬攻击为美，积极地寻求攻击他人，或者无限放大自己所受的侵害，有得理不饶人的外部行为特征。一旦身处需要双方积极进行妥协合作的场合，竞争型谈判者往往不太适应，无法把握好谈判的节奏和让步的尺度，因此往往坐失良机，拒绝与对方达成协议。

此种类型的谈判者伦理性程度较低，不适合参加家庭内部、朋友之间等熟人社会的谈判活动，而特别擅长陌生人社会中物质利益分配性的谈判活动。

三、两种基本谈判立场的比较

我们将合作型谈判者和竞争型谈判者的各种特点放在一起相互比照，便可对其各自的特殊立场有更为清晰的认识。

合作型谈判者	竞争型谈判者
■ 对方是朋友	■ 对方是对手
■ 目标在于达成共识	■ 目标在于胜利
■ 为了友谊积极作出让步	■ 要求对方让步作为维持双方关系的条件
■ 对人对事采取温和态度	■ 对人对事采取强硬态度
■ 信任对方	■ 不信任对方
■ 容易改变立足点	■ 坚持立足点不动摇，固执
■ 给予对方实惠	■ 威胁对方
■ 容易交出底牌	■ 掩饰自己的底线
■ 为了达成协议愿意承受单方面损失	■ 把单方面优惠作为达成协议的条件
■ 寻找对方可以接受的单方面解决方案	■ 寻找自己可以接受的单方面解决方案
■ 以达成共识为目的	■ 以坚守自己的立场为目的
■ 避免意志的较量	■ 试图在意志的较量中取胜
■ 迫于压力而妥协	■ 给对方施加压力
■ 适宜于家庭内部和朋友之间	■ 适宜于陌生的社会中

接下来，我们以物质利益分配性的谈判为例，看看上述两种谈判立场会对谈判结果有何影响。

第一种情况，假设我方是合作型谈判者，如果对方也属于合作型谈判者，那么毫无疑问，双方的谈判过程将非常愉快轻松，气氛也必定异常融洽，双方推心置腹、彼此信任，均从大局出发、着眼于未来，以维护人际关系为根本要务，通过自己自觉主动的让步来换得对方的让步，相互给予实惠，积极地通过妥协达成谈判协议。但是，必须注意的是，虽然谈判过程和谐，但如此达成的谈判协议却可能并不明智，其细节部分大多并未经过仔细推演深究，而是囫囵吞枣得来的，而且双方都感觉自己一方作出了重大让步，对方理当感谢自己。这样的状况将本来应当属于自己的利益，拱手让与对方；且在协议执行过程中，由于细节不明，产生许多不必要的纠葛，而这些纠葛本来应该在谈判过程中一一说明白，却为了照顾气氛的和谐而省略过去，给未来留下纠纷的根苗。一旦纠纷出现，双方都会觉得对方不可理喻，明明在谈判过程中已然收获了很多实惠，现在在这小问题上却纠缠不休，真是得了便宜还卖乖。此种争议、纠纷无法妥当解决，甚至可能影响到双方未来长远的合作关系。

第二种情况，假设我方是合作型谈判者，而对方却是竞争型谈判者。在这种情况下，谈判结论基本是确定的：我方失利，对方获益。当合作型谈判者遇到了竞争型谈判者，整个谈判过程基本上都会被竞争型谈判者主导，后者会肆无忌惮地蚕食你的利益空间，且永无餍足，直到你退无可退，方才休止。在这种情况下，合作型谈判者要么觉得对方贪得无厌、不可理喻，然后退出谈判；要么略带羞辱性地被迫接受对方的苛刻条件，最终带着敌意离开谈判桌。对于长期合作伙伴关系而言，这种谈判结果恐怕是灾难性的：毫无疑问，它将损害未来的继续合作。如果双方立场互换的话，结局亦大体如此，只不过获利的一方发生变化而已。

第三种情况，假设双方均是竞争型谈判者。在婚姻生活中，两个竞争型谈判者之间会有无休止的争执、冲突，其冲突的结果甚至往往会导致婚姻关系解除，除非其中一方在家庭问题上逐渐转变为合作型谈判者，学会通过妥协来和对方合作。在物质利益分配性谈判中，两个竞争型谈判者交锋的情况会比婚姻家庭生活中更为复杂，其结局也往往更不明朗：有可能谈判破裂、两败俱伤；也有可能通过认真仔细的你来我往、讨价还价，获得一个公平合理的解决方案；还有可能一方更为强硬，最终胜出。

我们把上述三种情况分解，可以得出下面这个基础性表格，它将有助于你根据对方的情况设定自己的谈判立场：

己方	对方	谈判结果
合作型	合作型	合作，达成协议但不一定明智
合作型	竞争型	己方失利，受对方主导，不公平谈判
竞争型	合作型	己方获利，主导对方，损害长远关系
竞争型	竞争型	结局不明确

四、原则谈判和优势谈判

针对前述两种谈判立场展开的谈判，在理论界被称为“立场谈判”。近年来，在反思立场谈判模型缺陷的基础上，美国有学者提出所谓的“原则谈判”“优势谈判”等新的谈判模型，以图克服立场谈判所固有的缺陷。

所谓的“原则谈判”，其具有如下鲜明的特点：1. 既不认为对方是朋友，也不将其视为敌人，而是视为共同解决问题的人；2. 谈判的目标在于有效、愉快地取得明智的结果；3. 把人和事分开，不会为了友谊而让步，也不会把对方让步作为维持双方关系的条件；4. 对人温和，对事强硬；5. 谈判与信任无关，将二者脱钩；6. 着眼于利益，而不是立场，探讨共同利益，并为此创造多种选择方案，再做决定；7. 避免讨论底线；8. 坚持理性，使用客观标准，不屈服于压力。

另一种广受关注的新谈判模型称为“优势谈判”，也就是“双赢谈判”，其追求的目标是让双方通过谈判来实现各得其利，实现所谓的“双赢”（win–win）。“优势谈判”不仅改变了我们通常观念中“不是你赢，便是我胜”

（win-lose）的思考模式，而且使我们对于谈判的认识跳出了单调的商业利益分配谈判的框架，在深度和广度上均有所拓展。同时，“优势谈判”还极有效地开阔了人们的思路，推进了创造性谈判模式的理论研究和实践。

五、关系谈判学

在我们的文化背景下，人与人之间在社会交往的过程中会分外强调照顾彼此的“面子”，即与特定个人的社会身份相匹配的社会性的精神形象。这种精神形象具有相当程度的伦理性，成为每个人维持自己与他人之间社会交往关系的标尺；也具有表面性，因为面子本身所呈现出来的光辉形象很多都是虚假的，与真实的情况并不符合；同时也具有社会性，即是人在社会这面大镜子里面的形象，而不关心个人在自己内心中的形象问题。“面子问题”涉及中国人生活的方方面面，有些人一辈子都在为维护自己的面子而活着。这种文化现象与重视个体私人性的西方有着巨大的差别，反映在谈判中就产生了一系列区别于西方谈判学的重要的原理和技术。我们将这些适合中国国情和民族文化特色的谈判原理和技术总结出来，以“关系谈判学”概括之。

在我们看来，关系不仅仅是一种资源，更代表着人生的一种重要价值。没有广泛、深厚的社会关系作为依托，一个人的生活会变得非常艰难，他不得不独自面对冰凉寂寞的陌生世界。故而，关系十分重要。正基于此，关系谈判学一方面强调在关系中有效地分配资源、解决纠纷，另一方面也强调通过谈判来维护和增进关系。换言之，关系谈判者的谈判目标同时包括两项：其一为经济性利益，即获得更多的资源和物质利益；其二为社会性利益，即通过谈判来确立信赖、维护社会关系。我们的宗旨，概括为一句话便是：**在关系中赢得谈判，在谈判中增进关系。**

换言之，区别于原则谈判，就事论事的原则在很多场合都是无法适用的，我们很少会为了具体的事项——一时一地的得失——而损害长远关系或者表面上融洽的伦理关系，因此我们的任务是在维护这种表面关系的基础上，帮助读者获得其应当获得的谈判收益。相较于此刻的利益，国人更看重长远的合作关系和共同的“革命历史”，认为未来和历史比现在更为可靠、更有价值，因此诉诸历史、承诺未来的技巧在国人谈判中远比西方人更为常用。在谈判措辞方面，国人更喜欢在气氛融洽、谈笑风生的场合中进行谈判，而不怎么习惯正襟危坐、剑拔弩张的紧张气氛，因为我们信奉的是“有话好商量”，热衷于“谈笑中，争议灰飞烟灭”。因此，我们可以经常性地见到国人在谈判或会议中讲一些不是笑话的笑话。很多人不幽默，却喜欢轻松。这些都影响了我们的谈判风格。

在我们的文化背景下，很多人对于那种能够处理好各方面人际关系的人具有特别的偏爱，而成就一件重大事业的关键也在于“搞好关系”，也就是说，理顺人际关系是一个人事业成功的基础。

有时，重要的不是判断对错，而是要有能力跟好人、坏人、强人、恶人、官员、平民、乞丐等三教九流、形形色色的人打好关系，最好他们都说你好话，热情赞扬你。那时，你就离成功不远了。

第三课

保持自信

许多谈判者喜欢通过对比己方与竞争者之间的优势劣势来说明、呈现自己的力量。而我的建议是，除非谈判对方提出询问，否则永远不要提到你的竞争者，不管是有力的竞争者，还是无力的竞争者。这么做的一个理由是，你的谈判对方实际上可能根本就没有考虑过找其他合作者，你也没有必要提醒他还存在其他同行竞争者，更没有必要提醒他注意其他同行竞争者的优势所在。总是提到同行竞争者的优势，恰恰是你缺乏自信的表现：你很在意他们。

所有关于谈判的书或者谈判课都告诉你在谈判中必须保持自信。但在我看来，理解这一点并不困难，难的是如何做到它。

一位在业界影响力很大的出版社的编辑找到我，跟我说："白老师，知道您目前正在写作一本叫作《法律谈判》的书，我们社非常感兴趣，愿意拿出最大的精力、最好的资源来出版、推广它。"

我非常开心，一本书还处在写作过程中便有出版社感兴趣，对我而言，这无疑是一件非常荣幸的事。但是，作为一名专业的谈判者，我很清楚不能表现得太过激动，所以就选择了一种很客气的方式来回应："可以考虑啊！书大概写了一半，还得继续努力呢！"

接下来，不幸的事发生了。

他接着话头说："我知道您对这本书非常看重，这是您研究谈判以来的第一本专著。不知道您有没有其他更好的出版社可供选择。如果从现在到您全书写作完成这段时间，没有更好的出版机会，您可以考虑放在我们社，我保证一定会认真地做您这本书。"

听到这句话，我顿时凌乱了。他这句话非常不好回应。

如果我回复："目前还没有其他出版社联系我，你们出版社是最好的选择。"这个说法不仅会让他，而且让我也有一种自己的书其实不怎么受欢迎的感觉。

如果我回应："已经有几所优秀的出版社表示对这本书感兴趣，我会综合考虑各种情况，最终决定放到哪家出。"这种方式无疑会浇灭他的热情，对他产生打击，让他对能不能抢到这本书的出版机会产生犹豫和怀疑。更何况，我自己其实还是很欣赏他们社的，也很愿意把自己的作品交给他们打理。

于是我左支右绌，不知道该怎么回话才能既不失去机会，又不伤害他。

正在我认真思量怎么表述比较妥当时，他发言了："我看您比较犹豫。您别客气，直接拒绝我都没关系，我能理解，我也能扛得住！"

他竟然建议我"直接拒绝"他！

似乎我要是不拒绝一下，反而显得我在江湖上很没地位、基本上没人理一样。将来即便我的小书在他们社出版了，也是因为我实在没有其他出版机会，他们"扶弱济贫"，帮我实现了这个梦想。

想到这里，我不得不回应说："非常感谢您对我的作品的欣赏。从写作的角度看，目前只完成了一半，八字只画了一撇，在哪里出版的问题我还没考虑。等初稿全部完成，我们再见面好好聊一下，看看有什么好的出版方案。"

我的这种回应方式其实本质上就是不置可否，既没有答应，也没有拒绝。但是，说初稿完成后找他聊聊，自然传达了我其实愿意跟他进一步合作的意向。至于他有没有领会到，我就不知道了。

在现实生活大量的谈判实践中，像上述这位出版社编辑所犯的错误，很多谈判者都在犯，而且错得"义无反顾"。

比如，一个男生喜欢一个女孩子，对人家表白：

"不知道有没有其他男生追你。我知道我配不上你。我不怎么优秀。但是我实在太爱你了，能不能给我一个机会？将来如果你发现其他更优秀的男生，我愿意退出，绝不缠着你！"

虽然面对自己心爱的女生，男生的自惭形秽可以理解，但是自惭形秽到了这个地步，把明明自己非常喜欢的人推给所谓更优秀的人，这哪里是爱，分明是以爱的名义排斥。

这种错误的症结其实就在于“缺乏自信”。许多人把自信单纯理解为一种高高在上的抽象原则，似乎只要在讲谈判的书里看一看总论部分就结束了。殊不知，自信不仅仅是一种谈判的战略原则，还是一种具体的实践技术。

保持自信的技术中，最关键的一条是提醒对方：我是最好的，我是你唯一正确的选择，你没有理由拒绝我。

比如，在我所举的第一个例子中，那位编辑妥当的表述方式应当是：

“白老师，听很多同学说您目前正在写作一本叫作《法律谈判》的书。听到这个消息，我太激动了，所以迫不及待地约您见面。您这本书太适合放在我这里出版了。我们社正在策划一个“法律实务经典”系列图书出版项目，准备出版一系列国内外关于法律实务理论和技能方面的经典图书。目前已经确定的有哈佛大学法学院××教授的《律师辩护的原理与技术》、××律师事务所高级合伙人××律师的《谈案的技巧》、最高人民法院××法官的《审判的艺术》等。您这本书特别适合纳入这个系列，绝对能成为经典。另外，我们社在法律实务图书的推广方面有着丰富的经验，已经搭建了非常畅通的宣传和销售渠道，而且稿酬很丰厚。交给我吧，相信我！我会拿出最大的精力、最好的资源来出版、推广它。”

这样的表述是充满自信的，直接告诉对方跟你合作的优势所在，同时顺带地暗示：已经有许多有名望、有地位、有水平的专家作者跟我们合作了，和他们的书待在一个系列里面，是您实力的象征，有助于提升您的名望。我相信，对于这样的邀约，除非已经签了出版合同，否则绝大部分作者会很难拒绝。

从反方向来说，“坚持自信”这一技术意味着：永远不要提其他人比你更好这一点。也就是说，直接让谈判对方无视其他选项。

坚持这一逻辑，作为一名律师，面对前来咨询案件的当事人，你绝不应说：“虽然我们所不是最好的，但是我们会很认真地为您提供法律服务。”也不应该说：“您可以先试着和我们合作。如果在此期间您找到了更好的律师或者律所，我们愿意中止代理合同。”妥当的表述方式应当是：“哇，您算是找对人了。对于这一类型的案子，我们所可以说是非常有经验的。您听说过 ×× 案件吗？那就是我代理的。”

在法律谈判以及大量的商业谈判中，许多谈判者喜欢通过对比己方与竞争者之间的优势劣势来说明、呈现自己的力量。而我的建议是，除非谈判对方提出询问，否则永远不要提到你的竞争者，不管是有力的竞争者，还是无力的竞争者。这么做的一个理由是，你的谈判对方实际上可能根本就没有考虑过找其他合作者，你也没有必要提醒他还存在其他同行竞争者，更没有必要提醒他注意其他同行竞争者的优势所在。总是提到同行竞争者的优势，恰恰是你缺乏自信的表现：你很在意他们。

必须强调，自信本身具有魅力。对自己自信，对自己的能力自信，对自己的产品自信，对自己的服务自信，对自己的法律专业水平自信，这在谈判中会给谈判者增添无穷魅力，进而对对方形成巨大的吸引力，大幅度增加谈判制胜的概率。

如果你想实实在在地提升自己在谈判中的魅力，那么听我的建议：不妨从培养自信开始！自信的人身上散发着一种特殊的光芒，而这会让他极具魅力。所谓的“不卑不亢”或者“胜不骄、败不馁”大概就是这个样子。

在这方面，还可以举个例子，是我看过的一个视频：

一个盲人坐在路边乞讨，身旁放着一块牌子，上面写着：I’m blind,

Please help！（我眼瞎了，请帮帮我！）

路人只是零星地投几枚硬币到他的盒子里。

这时一位女士经过，看了看牌子上的字，蹲下来，掏出笔，在牌子的反面写了下面的话：It's a beautiful day and I cannot see it.（今天是个好天气，可惜我看不到了。）

这下子，经过的路人读到这句话，纷纷慷慨解囊，很快盲人面前的钱币盒子就满了。

当然，在视频的最后，拍摄者写出了下面的话来凸显这个短片想表达的意旨："Change your words，change your world."（改变你的表述，改变你的世界。）在谈判中，表述无疑是一件大事。而存在于不同的表述之后的，则是不同的心理态度、不同的心理地位：自信的，或者不自信的；平等的，或者不平等的；有尊严的，或者没有尊严的。相应地，基于不同的心理态度、心理地位所呈现出来的不同的表述，自然也会引起谈判对方不同的心理反应、不同的行为方式：尊重或者藐视；积极帮助或者被动同情。

然而，我们在强调谈判者面对对方应当保持自信的同时，也有必要提醒：**谈判者在进行自我评估时，切忌走向盲目自信，而是应当对自己真实的实力和状态时刻保持清醒。**

之所以提醒这一点，是因为我们每个人身上都有一种自我肯定的基因来帮助我们确认自己存在的价值，进而保护自己。在这种基因的影响下，我们每个人的自我认知都会出现相当程度的偏差，我们心目中的自己要比我们实际的情况好出很多。

比如，我每次给我爱人拍照，她看完照片之后都会表达不满："你把我拍得太难看了！"

我总觉得自己很无辜，看看照片，再看看她本人："你其实就是这个样子呀。"

这下她更不高兴了："原来在你心目中我这么难看。"

类似的例子还可以举出很多，我简单罗列一些：

➢ 如果你随机采访汽车驾驶员，绝大多数被采访者都会认为自己的驾驶水平在平均水平以上；而真相当然是：逻辑上只有50%的驾驶员的驾驶水平高于平均水平。

➢ 为人父母，每一位家长都会认为自己的孩子很聪明，继承了自己的优秀基因。但实际情况可能令人失望：你和你的孩子其实很大可能性都是智商平平，而非天赋异禀。

➢ 绝大多数即将步入婚姻殿堂的人，在其有勇气结婚这一点上，其都会自我鼓励性地认为："自己的眼光比一般人要好得多，所以我挑的老公/老婆绝对不会出问题，他/她会忠实于我，我们会白头到老的。"如果对此没有信心，我相信他们是不会贸然开始婚姻生活的。但是，现实往往与信心无关：所有现在搞得鸡飞狗跳甚至必须离婚解决问题的夫妻，在结婚当时也是这么有信心。

➢ 对某个大学的在校大学生做随机调查，绝大多数学生都会觉得自己比一般人要努力得多。但真实情况恰恰是：大部分人就是一般人。

➢ 就法律行业而言，特别是在民事诉讼领域，更多的律师会认为自己代理的一方会赢得诉讼，但是实际上，这个比率不可能超过50%。

➢ 根据专门研究和打击假新闻现象的美国民间智库的统计，在美国，90%以上的信息收集和传播都是通过社交媒体实现的，只有不到1%的用户会在阅读新闻时进行事实核查。但是，与此相伴随的是，大多数人却认为自己非常擅长识别假新闻。

以上的事例无一不在说明，人们有一种常见的心理倾向：认为自己在某个方面的能力和素质要高于平均水平。但这一点实际上仅仅是一种过于自信的自我认知，实际情况可能大相径庭。于是，许多商家就会对此种心理大加利用，最常见的就是“优惠券策略”和“年卡策略”。

如果经常去快餐店就餐，你就会经常性地遭遇充值促销，充值200元送你各类价值200元的优惠券。

这些优惠券会设置不同的使用条件和有效期限：有的仅限堂食，有的仅限外送；有的要求从第二天开始的一个月内使用完毕，有的则将有效期设置在第二个月，本月不能使用；有的要求购满相应金额才能附加使用，有的是“买一送一”券，比如要求你正价买一块蛋挞，方才可以使用该优惠券，店家送你一块同样的蛋挞；绝大多数优惠券不能同时使用，每次只能使用一张，而送你的20张优惠券则潜在地意味着要求你到店消费20次才能用完；绝大多数优惠券都指定了特定的商品，而这些商品未必就是你喜欢吃的食物；如此等等。

大部分顾客只是看到“充200送200”的广告便冲动地充值，很少有人仔细去看各个优惠券的使用限制；有的人可能也看了各种限制，但还是会觉得自己有能力在相应的限制条件下充分地利用那200元的优惠。

现实的情况可能是，在冲动性地充值之后，原来觉得每个礼拜起码会吃一次的肯德基，可能接下来一个月你都不会去吃一次；而如果纯粹为了使用优惠券，一个礼拜去3次以上，你就会吃腻，然后认识到自己被优惠券绑架了。

当然，在那些优惠券逐一过期之后，你并不会懊恼太久，你会觉得那200元的本钱还实实在在地躺在自己的账户里，而这本来就是要花的。你会完成自我安慰，其实还是很划算的，起码我用了3张。于是，等你下次到店消费遇到搞“充200送200”的优惠活动时，你还会照充不误，你会暗示自己：上次没用完是因为那段时间工作忙，这次我可有时间了，我一定会用完的。

如果说上述“优惠券策略”起码还能让你保住200元的本钱的话，那么“年卡策略”基本上可以说是个陷阱了。

基本上所有的游泳健身俱乐部的收费模式都是同样的套路：

1. 单次卡：88 元，不限时；

2. 年卡：2999 元，不限次数。

面对这样的报价，我们每个人都会想象：单次这么贵，办年卡划算多了；一年 365 天，只要来游上 35 次泳，就划算；工作再忙，每个礼拜来一次还是能保证的。

对自己进行各种心理暗示之后，你花钱办了一张年卡。你对自己接下来坚持运动、保持健康的生活状态信心满满，你甚至感谢自己，为自己规划了这么棒的年度健身活动。

可以说，在办卡缴费的时候，每个人都对自己依循计划开展生活、工作充满自信。但实际的情况是：90% 的人都无法按计划行事。

于是，我们通常在接下来的一年内基于种种理由无法去健身，也不会去游泳，甚至对你而言，去健身房成了一个负担。而健身房则白白地收了我们的钱，却不用提供任何服务，当然责任在我们自己。

可以说，在日常生活、工作中，由于盲目自信而产生误判、造成损失的情况比比皆是。因为，为了避免“盲目自信”，做决策时不妨参考下列应对策略：

1. 用 50%（平均值）提醒自己

我经常用“平均值策略”来克服自己的“盲目自信”病。

销售人员推荐我办张健身房的年卡，当我觉得自己一年可以去健身房锻炼50次的时候，我就要刻意地提示自己：如果只能来25次，还有必要买吗？！

如果我觉得我儿子智力超群、特别聪明，据此为他安排相应的学习计划的时候，我会问自己：如果他在智力方面只是个普通人，我还会这么安排吗？

每次跟我爱人发生冲突，我都觉得很憋屈：自己给家里贡献这么大，她竟然还不知足，不给我充分的理解和支持。当此之时，我会刻意地让自己冷静下来，想一想：或许我们俩对家庭的贡献其实差不多，又或者，她的贡献可能比我还大，起码在照顾孩子方面是这样。

一旦学会运用“平均值策略”，你就成了一个成熟的谈判者，你会清醒地认识到他人的价值，同时也能看到自己的缺陷，形成健康客观的自我认知，既不自傲，也不自卑。

2. 设置顾问机制或者集体讨论机制

每个人都有点“盲目自信”，这是正常的心理现象。但是如果据此做决策，可能就会作出错误的判断，从而给个人、给公司、给律所、给国家带来名誉或利益方面的重大损失。因此，避免此种后果的一个可行的制度化的渠道是设置顾问机制或者集体讨论机制，在做重要决策之前，征求专家顾问的意见，或者召开会议集体讨论研究，综合考虑有利和不利两方面因素进行衡量判断。在我国，由于历史和文化的原因，顾问机制和集体讨论机制特别容易流于一种形式性的手续，讨论会变成了论证会，与会人员一致论证领导视野宏阔、高瞻远瞩，领导的判断英明伟大正确。在此种文化氛围中，顾问和集体讨论机制的存在不仅无助于纠正决策者“盲目自信”的毛病，反而会巩固它、加强它、发展它。因此，我所主张的“关系谈判学”建议决策者在组建顾问团队或者筛选参与集体讨论的成员时，应当刻意地优先选择那种敢于坚持自己的观点、不怎么讲究人情世故的人，优先选择那些有勇气直抒己见、说话没大没小、口无遮拦、不留情面的人，同时营造宽松的氛围，鼓励他们畅所欲言，知无不言、言无不尽，积极提出反对意见。

中国加入世界贸易组织谈判的首席谈判代表龙永图曾经有一个很特别的秘书。

别人的秘书都是勤勤恳恳的，少说话，多干活，谨慎小心，对领导体贴入微。但龙永图选的这个秘书，大大咧咧，从来不会照顾人，一起出差的时候还得龙永图叫他起床。就是这样一个人，龙永图却在入世谈判最困难的时候选他当秘书，大家都很不理解。事后，龙永图才在一次媒体采访中揭开了谜底。

“有时候和外国人拍桌子，回来以后一句话不说。因为我脾气不好，但是我这个人心肠是好的，他们都知道。所以我每一次回来以后，当我回到我的房间的时候，没有一个人到我房间来，因为他们怕被我骂。只有这位后来要当我秘书的人，每次不敲门就大大咧咧走进来，而且坐到我的房间就跷起腿，告诉我今天他听到什么了，哪个人说我哪句话讲得不一定对；而且他从来不叫我龙部长，都是‘老龙’，或者是‘永图’。他有时候会出一些馊主意，被我骂得一塌糊涂，但是他最大的优点是经骂，无论怎么骂，他5分钟以后又回来了，哎呀，永图你刚才哪个说法不太对。我就觉得这人很少见。他是一个学者型的人，他对很多事情不敏感，人家对他的批评，他也不敏感。比如说，我最喜欢自然风景，他给我开车时，每次走到风景最好的地方，我在车外看风景，他坐在车里抽烟，对外面的自然没有感触。但是他对中国加入世贸的问题，简直像着了迷一样，所以我们其他谈判班子都说，他是一个‘传教士’，见到人就说入世的事情。他有一种执着的精神。所以在当时那种特定的情况下，当我脾气那么暴躁而且又很难听到不同声音的情况下，有那位老兄对我很重要，我是要找一个经骂的秘书。”

作为一个决策者，龙永图很准确地认识到自己在谈判压力巨大、情绪不稳定的时候需要一个什么样的秘书：理性、冷静，敢于说真话，有能力提出反对意见的人。这样的人能够帮助你克服盲目自信，更健康地自我评价。

3. 设置冷却机制

有很多时候，你的消费是一种冲动消费，你的决策是一种冲动决策，它们欠缺冷静理性的反复思量，基本上都是匆忙之间带着情绪急切作出的决定。

因此，我的建议很简单：遇到不是特别紧迫需要马上做决定的事，特别是重大事件，不妨放一放，冷静下来想一想，再做决定。

比如，你贪便宜准备办一个健身房的年卡，在正式交钱之前，你可以先去锻炼一个月，看看这一个月你会去锻炼几次。一个月后，你再据此决定是否有必要正式交钱办卡。我相信，对绝大多数人而言，你会发现：就你去健身房的频率而言，单次卡实际上更划算。

第四课

学会聆听

要知道，许多真实、有用的信息，都是在谈判中通过耳朵的直接聆听获得的。只有充分准确地吸收信息，才能进行精确深入的分析判断。因此，要成为一名专业的谈判者，你必须首先成为一名优秀的聆听者。

世界上每个人都可能拥有很多谈判经验，那么专业谈判者和普通谈判者有何差别呢？最为明显的一点就是：他们对嘴巴和耳朵各自在谈判中的重要性的认识有着重大差别。

普通谈判者过度地强调口才的重要性，认为只要伶牙俐齿、雄辩滔滔、口若悬河，便可以在谈判中游刃有余，无往不胜。

但是，专业的谈判者却会告诉你：这是一种巨大误解。

谈判不是辩论。

以辩论的心态参加谈判，攻击性的语言和咄咄逼人的气势会给人带来许多不愉快的心理体验。

谈判需要对方的合作。没有对方的同意，你无法获得其积极主动的配合，双方自然无法开展有效的合作。

而且，很明显，谈判过程缺乏一个类似辩论比赛中的裁判、诉讼程序中的法官（裁判官）那样中立的、具有权威地位的判断者。就谈判而言，所有的决定、协议都需要通过当事人之间自愿地协商来达成，因此，没有对方的配合，你在谈判中将一无所获。

在这个意义上，与嘴巴相比，专业的谈判者给予耳朵更为优先的关注。

关注耳朵，也就是关注对方及其利益需求。

要知道，许多真实、有用的信息，都是在谈判中通过耳朵的直接聆听获得的。只有充分准确地吸收信息，才能进行精确深入的分析判断。因此，要成为一名专业的谈判者，你必须首先成为一名优秀的聆听者。

同样道理，社会上的成功人士之所以比你我更为成功，其根基之一便在于他们比我们更善于聆听。请想一想，从小到大，你们班级中在学习方面最为成功的同学，往往是听课能力最强的；因为听课最认真，所以这类同学吸收信息更充分，也往往更容易获得老师的青睐。在工作中，那些善于聆听、能从领导的指示中发掘出大量额外信息的人往往在职场中更容易出人头地。在这个意义上，聆听是学习型的人格。

其实，关注别人说了什么，这种要求事实上与人性相违背：你往往更关注自己发言的内容和形式，而不那么在意别人说了什么；即便你听了对方的长篇大论，其中，也是与你有关的部分会受到额外的重视。

也正是因为这个道理，在人际交往中，你的仔细聆听并且对对方发言内容的重复和强调，对于发言者而言，乃是一种极大的恭维：因为作为一个普通人，他会极度关注自己所说的内容是否被别人重视，自己表达的方式是否流畅通达。

由于是反人性而行之，所以我们只能通过系统的专业训练来压制你的正常天性，培养并巩固你的聆听能力，这也成为谈判训练的第一步。我们的基本要求是任何时候都随身携带笔和记录本，把对方发言的内容、材料、要点和思路清晰地记录下来。当然，其后的分析判断也是必不可少的步骤。

我在训练学生谈判能力的教学实践中，经常遇到非常热衷于表达的同学，也就是我们平时说的“话痨”“啰唆”。许多人的“啰唆”已然到了不自觉的地步。这类人往往比较热情，情不自禁地高谈阔论，和别人分享自己对于生活和工作的经验心得，有时为了突出强调自己的立场，同一句话、同一观点往往会不停地重复三四次之多。而且，他在潜意识里觉得，与他人面对面交流时，如果大家都无话可说，那就意味着双方的关系出了问题。所以，在实践中，他就会无意识地选择通过频繁说话来避免冷场局面的出现。

我们可以把这种类型的人群称为“热情的话痨”。他们最大的问题就是只在意自己说话了没有，而不关心对方是否愿意聆听自己的发言；只想着自己单方面观点的呈现，而不愿意形成交流，不愿意给对方表达观点的机会。在谈判中，毫无疑问，他们会不自觉地提供己方的信息给对方，却失去了从对方那里获取对自己有利的信息的机会。因此，对这些可爱的“热情的话痨”而言，学习谈判的第一步，就是学会聆听，关心对方的喜好、憎恶、立场、情趣，进而严格控制自己表达的数量和速度，用尽可能少的话把观点表达清楚，重要的观点最多重复一次，同时增加对谈的比例，形成对话交流的结构。

在日常生活的人际交往中，认真聆听也是缓解人际间紧张关系、消弭矛盾的重要技巧。

在 2020 年新冠肺炎疫情肆虐之际，有一则新闻引起我的注意：“深圳突现离婚潮”这一词条登上微博热搜。据媒体报道，2020 年 5 月 19 日至 6 月 17 日，深圳全市 10 个婚姻登记处离婚预约名额已全部约满。受疫情影响，不仅是深圳一地，陕西西安、四川达州、江苏常州等地都出现了离婚预约名额供求失衡的局面。很显然，夫妻在疫情防控期间长时间待在一起，不仅没有让双方的关系更加亲密，反而让彼此之间更加没有耐心。物理上的亲近反而拉开了精神上的距离。

这不由得让我想到古罗马的一位女神，她的名字叫作“维里普拉卡”。这位女神专门负责化解夫妻矛盾。只要夫妻之间闹了矛盾，就双双来到她的面前请求帮助。而她就会运用“神力”，帮助他们打开心结、化解矛盾，甚至增进感情。

据说，维里普拉卡的神庙里只有她自己的雕像，没有神官或其他人。那么，一座雕像怎么能具备如此的神力，让夫妻放弃成见、打开心结，继续携手将婚姻关系继续到底呢？

秘密其实就在女神庙的规矩里。

这里的规矩如下：

1. 向女神倾诉的时候，一次只限一人；

2. 在一个人倾诉时，另一方不许说话，只能默默聆听；

3. 双方交替倾诉和倾听。①

不得不说，夫妻之间的绝大多数矛盾都是源于一些鸡毛蒜皮的小事，或者因为一句话、一个动作，或者因为一个眼神、一个脸色。但是在你一言、我一语，互不相让、彼此指责的过程中，每个人都想抢夺优势“话语权”，声调不断地提高，情绪越来越激动，双方交往历史中的恩怨情仇瞬间浮现在眼前。于是，芝麻绿豆大点儿的小事刹那间就演变为唇枪舌剑的相互羞辱、人身攻击，最终激化为吼叫咆哮、摔盘子砸碗，甚至拳脚相加、势不两立。

而维里普拉卡女神只是以神的权威性，让一方在另一方倾诉时冷静下来、仔细聆听，倾听对方的道理、分享对方内心的焦虑、体谅对方的不容易，最终相互理解、解决争议。

我们经常说，冲动是魔鬼。而维里普拉卡女神的故事告诉我们：喋喋不休是魔鬼，而耐心聆听才是天使。

除了夫妻之间关系的处理，在父母子女关系当中，聆听也同样重要。

小说《死亡诗社》当中，尼尔的父亲培瑞先生知道自己的儿子在课余时间参加了剧团表演之后，到学校宿舍里找尼尔。下面是小说中呈现的父子之间的对话。②

---

① ［日］盐野七生：《罗马人的故事Ⅰ》，计丽屏译，中信出版社，2011年版，第40页。

② ［美］N.H. 科琳宝姆：《死亡诗社》，辛涛译，湖南文艺出版社，2011年版，第156—157页。

“爸爸！”

“尼尔，我要你立即退出这场可笑的戏剧演出。”培瑞先生严厉地说。

“爸爸，我……”

培瑞先生猛地站起来，一掌拍到桌子上，怒声喊道：“不要跟我顶撞！你把时间浪费在这种无聊的东西上简直是糟透了，更糟的是你还故意欺骗我！”

他狂暴地在屋子里走来走去。尼尔吓得浑身乱抖，站在那里不知所措。

“你想怎么蒙混过去？回答我！是谁唆使你这么干的？是不是那个基丁？”

“没有人……我想，我想给你一个惊喜。我每门课都得了A，并且……”尼尔结结巴巴地说。

“你真以为我发现不了？马克斯夫人跟我说：‘你儿子跟我侄女在演一出戏。’我还说：‘不，不，不，你肯定搞错了，我儿子没在演戏。’你让我成了骗子，尼尔。明天你去找他们，告诉他们你不演了。”

“爸爸，我演的是主角。”尼尔用近乎祈求的语气说，“明天晚上就要演出了。爸爸，求你了……”

培瑞先生的脸气得发白，他站在尼尔面前，手指着他，骂道：“就算世界明晚毁灭，我也不管！明白了吗？明白了吗？”

“是，爸爸。”尼尔强忍着内心的悲痛说道。

培瑞先生站在尼尔面前，狠狠地盯着他，过了一会儿，说：“为了让你来这里读书，我费了好大的劲儿，尼尔，你不要让我失望。”

说完，他转身大步走了出去，剩下尼尔呆呆地站在原地，过了好长时间才回过神来。

这段对话非常清楚地展现了培瑞先生和尼尔的沟通方式：咆哮、怒骂、指责、训斥、专制、蛮横。他和尼尔的对话完全是自我中心主义式的，里面欠缺真诚的沟通，完全是单方面情绪的宣泄。他根本没有耐心聆听尼尔——他的儿子，作为一个拥有独立人格的人所自然具有的喜怒哀乐、对生活的看法、对戏剧表演的爱好，以及如何在保证学习成绩的同时兼顾自己的爱好。这些他根本就不关心，他只想着控制，控制儿子照着他画定的路线图展开自己的人生，尽管这种控制是以爱的名义实施的。而这个路线图及其运作不需要尼尔有思想、有爱憎、有选择，也不需要征求尼尔的意见。

尼尔被彻底客体化了！

在尼尔背着他参加了戏剧表演并获得了成功之后，培瑞先生在众目睽睽之下把他生硬地带走。小说中写道[①]：

突然，前厅的门猛地被推开，培瑞先生怒气冲冲地从礼堂里面朝前门走来，尼尔像个囚徒一样地跟在他后面。……人们看到尼尔出来，顿时向尼尔涌过去，大声喊着向他祝贺。托德也尽力挤上前，想要去迎接他的朋友。

“尼尔，太棒了！尼尔！”托德大声喊道。

“我们要举行一个晚会！”诺克斯朝尼尔喊道。

尼尔转过身，脸色暗淡地说：“没用了。”

基丁走过来，亲切地把手搭在尼尔的肩膀上，微笑着对他说：“尼尔，真不错！”

培瑞先生猛地把基丁的手从尼尔肩膀上推开，大喊道：“你！离他远点！”

大家都惊得说不出话来。

培瑞先生拉着尼尔出了礼堂，走到自己的汽车旁，一把把他推了进去。

如果说上一个情节呈现的是父子在私下场合中对话情景的话，这个部分则描写了培瑞先生在尼尔的同学和老师面前控制、训斥、伤害尼尔的情境。在很多情况下，这种在朋友面前的训斥、指责对孩子的伤害更大。于是，他的“毫无尊严”变成了众所周知的事。

---

① ［美］N.H. 科琳宝姆：《死亡诗社》，辛涛译，湖南文艺出版社，2011 年版，第 183—184 页。

回到家里，父子之间最后一次尝试着沟通[1]：

尼尔看了眼母亲，想要说话，可刚开口父亲就打断了他："儿子，我们一直在想你为什么偏偏要违背我们的意思，但不管是什么原因，我们不会让你毁了自己一生。明天我就让你从这个学校退学，插入布雷登军校。你要上哈佛，以后要成为一名医生。"

眼泪马上又从尼尔红肿的眼睛中涌出，他恳求道："爸爸，那还要十多年的时间啊，你不明白吗，那太漫长了。"

"你有很好的机会，我做梦都没想过的好机会！"培瑞先生大声呵斥道，"我不会让你错过。"说完他大步走出书房。

尼尔的妈妈抬起头看着他，好像要说些什么，但又什么也没说，也站起来跟着丈夫走出了书房。

剩下尼尔一个人站在屋里，他感觉自己所有的情感都枯竭了，所有的希望都破灭了。

很明显，尼尔的妈妈本来应该帮些忙，但是她选择了沉默、回避、逆来顺受。尼尔最终失去了活下去的动力和激情，他选择了自杀。他大概认为，这是他唯一能做的自主选择！

虽然是小说，但是这样的情节真实程度其实非常高，我们在生活中见过无数次类似的发生在父母与子女之间的对话，基本上都是上述情节的翻版。而尼尔的悲剧则告诉我们：在匆忙下结论之前，不妨认真聆听孩子的语言，了解他们的兴趣、爱好、憎恶、对各种事务的观点，有的时候不妨尊重他们的选择，只要附加一点条件便好。这样的聆听和尊重可以避免很多悲剧的发生！

与培瑞先生相比，下面的这位父亲做得要好得多，因为他非常认真地聆

① ［美］N.H. 科琳宝姆：《死亡诗社》，辛涛译，湖南文艺出版社，2011 年版，第 188—189 页。

听并重视了自己的孩子的愤怒和委屈。这个故事的来源不明，是我谈判课的一个学生发给我的。

儿8岁，顽皮，与大同学打架。伤痕累累，回家，大哭不止。

“委屈？”

“委屈！”儿泣答。

“愤怒？”

“愤怒！”儿号啕。

“你打算怎么办？”再问，“需要爸爸为你做点什么？”

“爸爸，我要找块砖头，明天从背后去砸他！”

“嗯，我看行！爸爸明天为你准备砖头。”继续问，“还有呢？”

“爸爸，你给我弄把刀，我明天从背后去捅他！”

“好！这个更解气，爸爸这就去准备一下。”

我上楼。

理解支持，儿渐平静。约20分钟，我从楼上搬一大堆衣服及棉被。

“儿子，你决定了吗？是用砖头，还是用刀呀？”

“但是，爸爸，你搬那么多衣服被子干吗？”儿困惑。

“儿子，是这样的：如果你用砖头砸他，那么警察就会把我们带走，在监狱里大概只要住一个月，我们带些短衣薄被就可以；如果你用刀子捅他，那么我们在监狱里至少3年回不来，我们可要多带些衣服被子，四季都要带齐。”

“所以，儿子你决定了吗？爸爸愿意支持你！”

“要这样的？”儿惊愕。

“是这样的，法律是这样规定的！”我趁机普法。

“爸爸，那我们就不干了吧？”

“儿子，你不是很愤怒吗？”

“嗨，爸爸，我已经不愤怒了，其实我也有错。”儿脸红。

“好，爸爸支持你！”

故事中的爸爸最终引导孩子作出了理性的选择。请注意，这个选择是孩子自己作出的，而不是他爸爸强加给他的。父子双方之间的交流是对话性的，父亲非常耐心地聆听了儿子的意见，让孩子充分地发泄了愤怒情绪，在此基础上再给予健康的引导。

相较于日常生活，仔细聆听在法律谈判中更加重要。

比如，你是一名律师，在和你的客户谈案子时，遵循前述原则，请务必注意少表达、多提问，了解客户更多的情况：

- 他的经济状况；
- 对案件的重视程度；
- 对你及你所在的律师事务所的信任程度；
- 此前是否就该案件咨询过其他律师或委托过其他律师；
- 此前有没有打官司的经历；
- 其他。

总之，切忌在了解了一点点信息之后，就口若悬河、喋喋不休，大肆对案件发表评论，迫不及待地展现你的专业水平。当然，在和客户讨论案件时，你也不宜自始至终闭口不言。

如果要说，说什么呢？

在我看来，有许多话题可以聊，特别是在你和对方属于第一次见面沟通的情况下，你不妨采取适当的方式来消除你们彼此之间的陌生感，比如说说闲话，或者适当地赞美客户着装的品位、良好的判断力、充满磁性的嗓音；或者聊聊天气，抱怨一番糟糕的交通状况，关心一下对方过来时交通是否通畅、旅途是否顺利；或者随着交流的深入、对客户的各种信息的逐步了解，尝试着找一找你们之间的密切联系点，比如老乡关系，校友关系，共同的爱好，如旅游、读书、泡吧、美食之类。在有了一定的交流沟通之后，你也可以适时简要地、宽泛地介绍一下你所在的律所以及你自己的业务状况。

总而言之，客户来找你咨询案件，他对自己案子的情况及其未来的走向更关心、更在意，他迫切地试图把所有对自己有利的方面展示给你，因此你要做的，主要是聆听，同时通过更多的配合性发问，引导对方提供更丰富的案件信息给你。

第五课

控制自己的情绪

你可以生气、激动、表达愤慨，但这些情绪的表达在谈判上必须要有意义，而不能单纯地是为了向对方的语言或行为发泄不满、敌意。一名谈判者即便是表达愤怒，也要讲究表达的方式，是如火山爆发般的咆哮式宣泄，还是以静水流深般的沉默方式来加以释放；是“针尖对麦芒”式的直接面对面当场发作，还是通过第三人传达的方式间接地让对方知道你的不满。

专业谈判者的专业性最为外观性的呈现就是其对自己情绪的良好控制。

放任自己的情绪是非常容易的，你可能会因为对方的攻击性语言、侮辱性举止，甚至是一个不友好的眼神而生气、激愤、情绪高亢；也可能因为对方的亲和力、温柔的语气、毫不吝啬的赞赏，甚至是情真意切、苦苦哀求，而心驰神往、满怀好感、自信满满，抑或是怜悯心大发作。每当遇到这种情况，你就要提醒自己：糟了，我的情绪被对方感染了。

专业的谈判训练一般会告诉你：**永远不能让别人控制你的情绪**。

谈判，特别是法律谈判，是典型的理性活动，你必须理性，这是你的职业要求。这样说并非主张我们应当完全抛弃感情，而是说：在谈判中，无论如何充沛的感情，也应当处于理性的主导之下。**你可以生气、激动、表达愤慨，但这些情绪的表达在谈判上必须要有意义，而不能单纯地是为了向对方的语言或行为发泄不满、敌意**。一名谈判者即便是表达愤怒，也要讲究表达的方式，是如火山爆发般的咆哮式宣泄，还是以静水流深般的沉默方式来加以释放；是"针尖对麦芒"式的直接面对面当场发作，还是通过第三人传达的方式间接地让对方知道你的不满。同样重要的还有表达的时机，由于表达愤怒可能会引起对方的敌意并采取敌对行动，因此在时机不成熟时——也就是你尚未做好有效应对对方敌对行动的准备时——表达愤怒，轻者会导致谈判直接破裂、提前终止，重者则会激怒对方，对你采取非理性行动，从而给你带来危险。

我们可以借一个故事来看看无节制地表达愤怒会带来怎样的严重后果。这个故事记录在《三国演义》第二回当中。

董太后是汉灵帝的母亲，何太后是汉灵帝的妻子。

汉灵帝驾崩后，何太后的儿子刘辩继位，是为汉少帝。何太后给了哥哥何进及其党羽高官厚禄，董太后不满，也降旨，封自己抚养大的皇子刘协为陈留王，自己的兄弟董重为骠骑将军，和太监张让等共预朝政。

何太后见董太后专权，于宫中设宴，请董太后赴席。

酒至半酣，何太后起身捧杯说："我们都是妇人，参与朝政，并不合适。想当年吕后因手握重权，宗族千口都被屠戮。如今我们最好在宫内逍遥自在，安度晚年。朝廷大事，还是交给大臣元老们自行商议。这才是国家之幸。希望您能听得进去。"

何太后这话虽然说得意思很直白，口气也算委婉，但是婆婆董太后很强势，马上不干了，直接翻脸，开始怒骂指责："你心存嫉妒，毒死了王美人。如今又借着你儿子做了皇帝，倚仗着你哥哥何进的势力，就敢胡言乱语！我给骠骑下一道命令，让你哥哥脑袋搬家，易如反掌！"

何太后质问："我好言相劝，你为何反而恼怒了呢？"

董太后开始口无遮拦，对儿媳进行人身攻击："你们家是杀猪卖酒的贱户小辈，有什么见识！"

就这样，婆媳二人你一言、我一语，互不相让，在酒席宴上大吵起来，最后不欢而散。

回去以后，儿媳何太后越想越生气，连夜采取行动，召弟弟何进入宫，把和董太后吃饭的事情说了一遍。

何进出宫后，也是连夜召集三公共议对策。第二天早朝，何进指使廷臣上奏：董太后原系藩妃，不宜久居宫中，应当送到河间府安置，限当日即离开都城。这边安排人送董太后离开都城，那边厢就带领禁军包围了骠骑将军董重的府宅，追索印绶。董重被逼无奈，以自刎的方式为东汉末期这场著名的婆媳战争画上了句号。

显而易见，董太后在谈判中的表现实在是令人不敢恭维，基本上停留在泼妇骂街式的口舌之争：一方面没有什么技术含量，只知道嘴上逞英雄，话专拣难听的说；另一方面在自己还没有做好与对方做你死我活搏斗的准备时，一味地暴露自己的恶意，激怒对方，实在是自取灭亡。

实际上，从何太后主动邀请董太后吃饭，以及其在酒席宴上刚开始对董太后所说的话，可以看出，何太后一开始还是希望能够与董太后平心静气地沟通，并和平解决婆媳之间的政治争端的，并没有直接诉诸暴力的打算。但是，在沟通过程中，董太后的不配合、人身攻击、恶意满满以及肆无忌惮的威胁恐吓等，彻底将何太后推向了对立面，最终丧失了和平解决争端的可能性。

这个故事以非常惨烈的方式告诉了我们一个深刻的道理：在谈判中，任何时候，都必须控制自己的情绪。当受到对方的言辞攻击或者行为冒犯之后，妥当的做法是：保持冷静。

下面的一些技巧可以帮助你保持冷静：

1. 闭目养神；

2. 深呼吸，重复多次；

3. 中止谈判，中场休息，离开谈判现场，上个洗手间，洗把脸或者回办公室喝杯茶；

4. 转移注意力，或者换个话题；

5. 心理暗示，在内心里，暗暗告诉自己：这不过就是一场游戏，千万不能让对方控制自己的情绪。

当你的心情完全冷静下来或者你确信自己完全有能力控制自己情绪的时候，再回到谈判进程之中。

对于愤怒保持警惕，并不意味着我们绝对不能愤怒。

很多时候，愤怒及其妥当表达也是一种非常有效的沟通技巧。比如，对方明显表现出对你方的不尊重或轻蔑，或者有充分的证据显示对方对你实施了欺骗，或者对方轻率地拒绝所有你对于有效解决纠纷的提议，或者对方向外部泄露了你们之间的商业秘密，这时候，你可以通过表达愤怒提醒对方注意。你的提醒应当是克制的、明确的且直率的，而不应当是爆发式的；提醒的目的是让对方意识到你对他的行为感到不快，而不是宣泄你在谈判中受挫的不良情绪。一旦你对愤怒的表达达到了目的，对方已经注意到了你的关注点，你就应当适时地回到正常状态。[①] 也就是说，你的愤怒必须是有尺度的、可控的。过度的愤怒可能会让对方觉得受到侮辱，或者误以为谈判已然彻底破裂，丧失和你继续沟通下去的信心，并由此决定退出谈判。

事实上，我们的情绪除了容易被对方以愤怒控制，还容易受制于怜悯和同情。对于后者，我们往往更加心甘情愿。对方的一句软话，就能让你放下防备。一旦了解到对方的凄惨身世、不幸遭遇，你就不禁设身处地、悲天悯人、大洒同情之泪，轻易地放弃自己已然设定好的谈判底线。俗话说的“吃软不吃硬”讲的就是这种情况。对于对方的“示强”，你岿然不动、寸土必争；但对于对方的“示弱”，你却节节败退、损兵折将。但是，在谈判学中，两种情况本质上是相同的，那就是你的情绪被对方控制了。

总而言之，自己的情绪要掌控在自己而不是别人手里。质言之，既不要被对方澎湃汹涌的气势压倒，也不要被对方似水的柔情感化，这就是所谓的不卑不亢。无论别人说什么样的话，你都不能真的生气或同情心四溢，但是这并不排斥你对对方诉诸感情的努力加以适当的配合。

除了“示弱”之外，很多情况下，我们对于鼓励、表扬、赞美、奉承、吹捧等溢美之词更是没有丝毫还手之力，只能乖乖地举双手投降。对方只要通过美言美誉，就能让我们心花怒放、心旷神怡、引为知己，大有相见恨晚

---

① ［美］斯蒂芬·克里格、理查德·诺依曼：《律师执业基本技能：会见、咨询服务、谈判、有说服力的事实分析》，中伦金通律师事务所译，法律出版社，2006 年版，第 394 页。

之感，接下来在谈判中就必然是推心置腹、大幅度让步了。但仔细想想，赞美奉承何尝不是对方控制我们情绪的一种手段呢？！

除此之外，积极健康的谈判心态还包括其他要求，其中至关重要的是耐心。

耐心在法律谈判中非常重要，一名优秀的谈判者必然有超越常人的耐性和毅力，任何情况下都不能慌乱、急躁。大家可能都听说过公安局里面的谈判专家，那都是千里挑一的、具有良好心理素质的人物。据说，美国纽约警察局曾经有一位资深的谈判专家，他参加一次自杀谈判时，和一名意图跳楼的自杀者在一座高达百米的塔楼上整整谈了三天三夜，最终说服对方放弃自杀行为。这种超强的耐性和稳定的心理素质会让对方感觉安全可靠、心灵宁静，增加谈判成功的砝码。如果是一般人，说不定谈上一天下来，自己就受不了了，彻底抓狂，然后开始刺激对方：

“兄弟，你到底跳不跳啊？！你要不跳，我就自己先跳下去了。”

应对这种局面，一个常用的办法是，要告诉自己：

“糟了，一不小心，我的情绪被这家伙控制了。我需要冷静下来，然后慢慢地去控制他的情绪。”

因此，建议读者诸君学学古希腊伟大的政治家伯里克利。我在盐野七生的《希腊人的故事》一书中读到了下面这个故事。

伯里克利早已习惯了人们对他的批判、责难、中伤，但有一天来纠缠他的男人异常烦人。他站在正在处理公务的伯里克利身旁，用粗鲁的语言不停地咒骂。

伯里克利始终不发一语，也没有流露出愤怒的表情。

罗马的执政官有12名护卫，雅典的将军没有如此待遇。伯里克利只带了一位夜晚帮忙提灯照路的仆人。

傍晚时分，伯里克利结束工作，起身回家。那个男人依然不肯罢休，紧随其后，一路骂骂咧咧。走到家门口时，伯里克利第一次开口说话，不是对那个男人，而是对仆人说：

“拿着灯，送这位公民回家。”

淡淡的一句话，一方面体现出了伯里克利宏阔包容的素养和胸怀，另一方面也向我们生动形象地展示了伯里克利对于自己情绪的超强控制能力！

第六课

尊重对方

如果对方是陌生人，由于你对对方的行为模式、行事风格、生活经历欠缺认识，无法进行有效的判断，因此必须保持语言和行为上的节制，比如不向对方透露太多的个人信息，降低对其的期待，尽量不要批评特定种类的人，避免当场发生冲突，如此等等。

想成为一名合格的谈判者，谈判学会要求你尊重对方，礼貌地对待别人，并具体地教给你怎么做到这一点。

一、通过妥当的言辞表达尊重

尊重对方最基本的要求就是言辞的尊重，即不宜使用人格侮辱性、人身攻击性的语言对别人进行否定性评价。除非你就是想激怒对方并从对方的怒气中获益，否则永远不要这样干。

罗贯中在古典小说《三国演义》第四十三回构造了“诸葛亮舌战群儒”的故事。如果从辩论的角度来说，诸葛亮的表现可谓可圈可点、异彩纷呈。但是如果从谈判学的视角观察，“诸葛亮舌战群儒”的故事实际上完全算不上精彩；如果非得说经典，那也是经典的反面案例。之所以这么说，是因为诸葛亮在这个过程中大量使用侮辱性、攻击性的语言对东吴重量级的大臣进行言辞贬低，而这种贬低从谈判学的角度来说，对于他完成联吴抗曹的谈判使命而言基本上没有什么帮助。

诸葛亮对张昭说：“鹏飞万里，其志岂群鸟能识哉？……盖国家大计，社稷安危，是有主谋。非比夸辩之徒，虚誉欺人：坐议立谈，无人可及；临机应变，百无一能。——诚为天下笑耳！”

之后，又直接指责薛综没爹没主子，要求其闭上鸟嘴：“薛敬文安得出此无父无君之言乎！……（公）真无父无君之人也！不足与语！请勿复言！”

面对陆绩的责难，诸葛孔明兄一句话搞定：“公小儿之见，不足与高士共语！”

嘲笑严畯舞文弄墨、腐臭不堪：“寻章摘句，世之腐儒也，何能兴邦立事？……岂亦效书生，区区于笔砚之间，数黑论黄，舞文弄墨而已乎？”

暗示程德枢是个小人：“儒有小人君子之别。君子之儒，忠君爱国，守正恶邪，务使泽及当时，名留后世。——若夫小人之儒，惟务雕虫，专工翰墨，青春作赋，皓首穷经；笔下虽有千言，胸中实无一策。”

从谈判学的角度观察诸葛亮的行为，基本上都属于逞口舌之快，贬低攻击他人，而且属于严重过度、完全违背比例原则的那种。

有读者会辩驳说：诸葛亮的攻击性言辞只是在回应东吴诸大臣对他本人及其团队的无理批评，属于针锋相对的回怼而已。但是，如果作为一名专业的谈判者，必须认识到，普遍性地开罪于东吴大臣，对于刘备团队联吴抗曹的大业，无论是短期互助，抑或是长期合作，都毫无意义。不得不说，诸葛亮情商很低，属于智商超过情商的那种人。智商高，所以反应快；情商低，所以一受攻击，迅速回怼，完全不考虑后果。我真心觉得，这次不愉快的“舌战”为吴蜀双方后期脆弱的合作关系和悲剧性的破裂埋下了伏笔。

学习谈判，那就一定要认识到：语言是一把利剑。它能夺人气、谋人财、伤人心、要人命。因此：

其一，在谈判中，切忌逞口舌之快。与人沟通时，原则上不要使用带有侮辱性、攻击性、诅咒性的言辞。

其二，除非关系特别亲近，一般不要用调侃的语气。质言之，调侃的语气或者开玩笑，只能用在熟人之间。反过来说就是：很多人开不起玩笑，他会把你的玩笑理解为侮辱。

可以举一个现实生活中的例子，这件事发生在某大学，经媒体报道而广为人知。

2014 年 11 月 11 日上午，教室里，该校法律学院的一名年约 50 岁的男教师正在给大四学生上民事诉讼专业课，当天课时共有四节。

第一节课上课后，老师开始点名，有一名女生直到第二节课才到教室。

这个女生向老师解释，她在教学楼的楼上复习考研，忘了有这节课。

老师随后调侃说：这样能考得上研究生吗？

第三四节课课间休息时，这名女生主动拿老师的杯子去饮水机接热水。然后端起接满热水的杯子，直接泼向老师的面部。

老师试图闪躲，但仍至少有半边脸被烫伤。

女生泼完后说了她自己的理由：老师诅咒她考不上研，她让老师看不见明天的阳光。

这件事非常直观地向我们展示了一个非常重要的谈判原则：**陌生人原则**。该原则的内容是：如果对方是陌生人，由于你对对方的行为模式、行事风格、生活经历欠缺认识，无法进行有效的判断，因此必须保持语言和行为上的节制，比如不向对方透露太多的个人信息，降低对其的期待，尽量不要批评特定种类的人，避免当场发生冲突，如此等等。

我在浙江大学读博士时，有一次，一堆在读博士生研究生和学院的几位老师聚餐。席间我们讨论到了当时比较热门的一个话题：如何看待师生恋？

大家纷纷表达看法。

这时，我的导师林教授逗我说：“白斌，对于这个问题，你怎么看？”

我当时年轻，可以说是初生牛犊不怕虎，张嘴就说：“对于师生恋，我是坚决反对的。老师找学生，就是耍流氓，且不说真正修成正果的很少，即便结了婚，也是不会幸福的。”

林老师笑眯眯地追问：“你确定吗？”

我斩钉截铁地回答：“当然确定。”

接着，灾难性的一刻到来了。林老师指着坐在他身旁的另一位教授，对我说：“你知道吗？ × 教授的夫人就是他的学生，他们夫妻可是非常幸福，恩爱程度在整个浙江大学都可以说是模范啊！”

于是，我整个人都不好了，满脸通红，傻在了当场。

我事后反省，我当时对一起聚餐的人基本上都不是特别熟悉，对方对爱情和婚姻的看法，对方的婚姻状况，实际上我都一无所知。从这个意义上讲，其实大家都是陌生人，而我却在一堆陌生人里表达了一个极端片面的观点，这种表达很明显会在无意中得罪、伤害一些人，而我却傻傻地陶醉于自己一针见血的直率。

相比于我犯的错误，下面新闻报道中林女士犯的类似错误给其带来的则是无可挽回的灾难。

2015 年 8 月 24 日傍晚 5 点多，林女士抱着 7 个月大的孩子，和妈妈、妹妹一起来到温州市区第一桥“火锅先生”吃火锅。在要求给火锅加汤时，林女士和服务员小朱发生了争执。

林女士觉得小朱的服务态度太差，顺手就发了一条微博并 @ 了火锅店负责人之一的“张记茶楼”投诉。

小朱得知后，让林女士跟他去后面厨房聊一聊，遭到了林女士拒绝。

过了一会儿，小朱拿着一个装满滚烫热水的盆子过来，从林女士头上浇了下去。浇完开水后，小朱还不罢手，拽住林女士的脖子将她往后拖，把她连人带椅拽倒在地上，又扑上去殴打林女士。

最终，林女士被诊断为全身 42% 面积严重烫伤。而当事服务员小朱因涉嫌故意伤害罪已被警方依法刑拘。

毫无疑问，作为陌生人，林女士对服务员小朱没有任何认识，对小朱的性格、素质、工作情况、心理状况、家庭背景等一无所知。如果我们把这种沟通理解为一种谈判，你就会发现林女士根本做不到“知己知彼”，因此对其与小朱沟通方式的潜在风险也欠缺最基本的认识和把握。

然而不幸的是，在现代社会，我们所有人也基本上处于与林女士类似的状态，像无头苍蝇一般在陌生人世界里迎着风险一路狂奔。虽然任何谈判知识都无法让你做到没有风险，但是可以确定的是，运用好谈判知识可以让你面临的风险尽可能地降低。质言之，这里的谈判知识，也就是陌生人原则，会要求我们在和陌生人打交道时，一方面应当努力控制自己的情绪，不要在不能控制自己的情绪之时去和对方沟通，特别是不要带着恶意去揣测对方；另一方面也要通过各种技巧努力控制对方的情绪，而不是任由其失控，给自己带来风险。

二、通过遵守社交礼节表达尊重

尊重可以通过外在行为的礼貌来表现。在漫长的人类历史中，不同的文明发展出了表达尊重的丰富多样的社交礼仪要求，比如脱帽礼、鞠躬礼、屈膝礼、注目礼、跪拜礼等。

现代社会简化了大多数社交礼节，但还是有一些基本的表达尊重的礼节需要注意。

比如，去参加一个正式的商业谈判时，穿一套合身且整洁的衣服，相比于衣着风格怪异或者邋里邋遢，更能展现出你对谈判对方的尊重，后者更多显示的不是你的个性，而是你对谈判对方的轻蔑。

再比如，去参加谈判时，严格守时地到达谈判地点，相比于让对方久等，更能体现出你对这次谈判的重视、对谈判对方的尊重。

实际上，除了外在行为的礼节，尊重也可以通过严格遵守内在精神的礼节予以表达，而做到这一点往往更为困难。

这里先举个例子。

我们法学院每个学年在开学之际都要给本科新生搞个活动，叫作“开学第一课”，邀请校内或者校外法学理论界或者实务界的优秀老师以讲座的形式给新同学讲一些法学知识乃至职业规划之类的内容。这个活动一般由学生的自治组织法学研究会承办。

我以前久闻其名，但是一直没有亲身参与过。直到有一年，我突然接到一个电话：“您好，是白斌老师吗？我是×××，是我们法学院法学研究会的干事。我打电话给您是希望邀请您这个星期日下午为我们今年的新生讲‘开学第一课’。”

对于这样的邀请，我其实是很乐意的，因为按照惯例，讲“开学第一课”的人都是业界的重要人物，所以能够被邀请，我实际感到非常荣幸。但是我似乎也不好迫不及待地答应，于是就客气了一句：“非常感谢你的邀请。只是，你通知我的时间有点晚，我好像没多少时间准备讲稿了。”

我本来就是客气一下，但是这一客气引出了他的一段话，把我的好心情彻底破坏了。

他说：“哎呀，不好意思，白老师，时间的确有点紧张。我们本来没准备邀请您，我们邀请的是×××老师。×××老师本来答应了，我们广告也已经发出去了。但是，今天下午他突然打电话过来说周日临时变动，要去最高院参加一个会议，没办法讲课了。所以，情急之下，我们就想到了您，希望您帮忙救救场。”

我恍然大悟，弄了半天，这个活动一开始就压根儿没我什么事儿。只是主角临时有事，才想到我这个备胎来的。虽然他所提到的那位老师是我的同事，我们平日里关系也不错，但是当时的情景，还是让我感觉自己受到了小觑和蔑视。

所以，我当即回应说：“啊，同学，我刚才看了一下日程，我这个周日下午已经有了安排。不好意思，要不你再去问问其他老师。”

多年后，我有一次在FT中文网上读到了英国作家露西·凯拉韦的一篇小文章，其中讲道：

邀请别人充当替补，需要把握一种微妙的心理礼节。……第一条法则就是：即便你邀请的那个是你的第50号选择，你也要假装他（她）是第一选择。第二条法则，有时候会凌驾于第一条法则之上：当首先邀请的那个人毫无疑问地比第二位更重要或更有才气时，你可以（而且应当）提及他（她）的名字。这对于后邀请的人是一种恭维——他（她）会觉得自己的地位得到了提升。

按照露西·凯拉韦的指引，如果那位法学研究会的同学尊重我，那么他正确的说法应当是：

方案一　今年的“开学第一课”安排得本来就比较急。时间紧，任务重，我们一下子就想到了您。凭您的水平，即席讲演都没问题。所以，这次务必请您帮忙。您能来讲一次，这对新生而言是个巨大的福利！

方案二　我们本来邀请了××大学的××教授（一位德高望重的老教授），××教授答应了，我们也宣传出去了。但是今天上午××教授突然来电话说周日下午全国人大常委会临时要开一个会，他必须参加，所以来不了了。事发突然，我们想来想去，只有请您来帮忙，这样大家才不会失望。

以上所讲的，是在邀请对方参加某种活动时，如何体现出对对方的尊重。

这种尊重不仅会让对方很容易地同意你的观点、接受你的邀请，而且对方会很乐意跟你长期交往、长期合作。

除了前述邀请对方参加某种活动之外，遵守内在精神的礼节还有很多种方式。比如：

➢ 作为一名政治家，能够记住对方的名字和观点是尊重对方最好的方式，能为你赢得不少支持者；

➢ 如果你面对的是一位学者或者作家，在做谈判准备工作时，不妨花点力气记住对方的作品，最好能复述其中精彩的表达、核心的观点、构思巧妙的情节，这对对方来说绝对是最高级别的尊重。

如此等等。

第七课

认识对方的利益关注点

在谈判之前，必须通过各种途径摸清对方的真实利益关注点，这不仅仅需要收集大量对方的情报，更重要的是需要认真分析研究这些情报所包含的真实信息，切不可被表面现象迷惑。因为在很多情况下，对方表面大张旗鼓追求的东西，并非其内心真实的需要，而可能仅仅是为了舆论宣传或迷惑别人。不搞清楚这些，你就无法准确地设计应对措施，最终与对方的真实需要背道而驰。

谈判课经常要求学生完成一个分橘子的任务。

有一天，爸爸给了哥哥和妹妹一个橘子，对他们说："你们分着吃了吧！"

于是，哥哥和妹妹就为如何分配这个橘子发生了争执。

哥哥说："让我来分配吧。"

妹妹说："我不信任你，你肯定切得大小不均，然后自己拿大的。还是我来切。我保证切得公平。"

哥哥说："好妹妹，你还小，切得肯定还不如我公平呢。"

于是，两个人争执不休。最终，经过谈判，他们寻找到了妥当的解决办法：由一个人来"切橘子"，对于切好的橘子，另一个人具有优先选择权。这样在形式上双方实现了双赢，解决了形式公正的问题。

除了这种办法之外，形式性双赢还有其他途径。一条比较常用的谈判技巧是"引入第三人"。双方可以通过引入一个双方都信赖的、公正的第三人来主持或进行分割橘子的活动。

对于上述这类分配方案，法学专业的学生可以说是击节赞叹。

但是，从谈判学的角度分析，这些分配方案基本上都是不及格的，因为它们都单纯地把目光聚焦于橘子，而没有涉及真正的核心问题——参与分配橘子的人。

在接到分配橘子的这个任务时，谈判者首先应当考虑的是：他们兄妹俩的真正需要是什么。在根本不清楚人家需要什么的情况下就盲目且自以为公平地切割橘子，这只能说明你更关心橘子，而不是人。这是人类的通病：我们本质上不关心人，还会“将心比心”地误解他人。我们自己在意橘子，就以为对方也在意橘子。

事实上，我们应当首先问问参与分配者的想法，了解一下他们真实的心理需求。或许，妹妹想要橘子果肉来吃，而哥哥却只是需要橘子皮，晾干后拿来泡茶喝。如此一来，我们突然发现，刚才所谓的矛盾冲突其实是表面现象，如果按照形式性双赢的方式来解决，妹妹随手便会把橘子皮丢掉，哥哥也会以同样的方式对待橘肉，这无疑是对争议资源的一种极大的浪费。而在了解到他们真实的需要之后，我们可以设计出完全不同的分配方案：妹妹分到全部的果肉，而哥哥则得到剩下的橘皮。这样就达到了实质性双赢。

实践中，既然需要开展谈判，那么当然就意味着谈判双方有着不同的利益诉求，而且这种利益诉求之间是存在冲突的。质言之，每一个参与谈判的人，在谈判过程中，都是立基于自身的利益需要进行立场选择、利弊判断的。故而，要达成谈判目标，一名专业的谈判者，在进入谈判之前，甚至在谈判过程中，都要准确地认识对方的利益关注点，进而通过满足对方的利益需要，来实现己方的利益诉求。

在春秋战国时期，谋臣策士纵横天下，其游说君主的经验所得被积累总结，而成就了诸多非常伟大的游说研究文献，其中最具代表性的当推韩非子所著的《说难》一文，可谓集当时游说学方法论的大成。《说难》最核心的旨意即在于指出：游说成功与否的关键不在于游说者自己一方，而在于认识游说的对象，特别是把握其真实的心理需要。他指出，游说的困难，不在于我是否明知道理，也不在于我是否将这个道理说得明白，更不在于我是否有勇气毫无顾忌地畅所欲言，“凡说之难，在知所说之心，可以吾说当之”[①]。也就是

① 《韩非子·说难》。

说，所有游说的困难，在于了解所游说对象（君主）的真实内心需要，进而以我的理论言说去迎合或满足这种需要。

韩非子对于游说的这种方法论分析，其实同样适用于谈判学。我们在谈判学上，将这一重点凝聚为“认识谈判对方的利益关注点”问题。

一个人的利益关注点，也可以称为“谈判对方的痛点”，是这个人的“阿喀琉斯之踵”。

如果不了解对方的利益关注点，只是一味地关注自己需要什么，那就会犯“货不对路”的毛病。就像韩非子所说：人家属于追求高尚名节的人，你却用世俗物质利益去劝说他，那么对方肯定认为你品行低下而轻视你，离你越远越好；如果人家追求物质利益最大化，你却一门心思劝说人家学习雷锋、做道德楷模、追求高风亮节，那么人家肯定认为你头脑不清、一点也不务实、只会玩虚的，所以必定不会录用你。所以，在谈判之前，必须通过各种途径摸清对方的真实利益关注点，这不仅仅需要收集大量对方的情报，更重要的是需要认真分析研究这些情报所包含的真实信息，切不可被表面现象迷惑。因为在很多情况下，对方表面大张旗鼓追求的东西，并非其内心真实的需要，而可能仅仅是为了舆论宣传或迷惑别人。不搞清楚这些，你就无法准确地设计应对措施，最终与对方的真实需要背道而驰。

对此，韩非子曾讲到一句很经典的话：

“所说阴为厚利而显为名高者也，而说之以名高，则阳收其身而实疏之；若说之以厚利，则阴用其言而显弃其身矣。”[①]

翻译成白话文，就是：“你所游说的对象是那种暗地里想得到厚利而表面上却装作追求高名的君主，如果你用高尚的名声去说服他，那他会表面上任

① 《韩非子·说难》。

用，实际上却疏远你；如果你用丰厚的利益去说服他，他就会暗地里采纳你的意见，但公开地抛弃你这个人。”

大家可能都听过一个笑话，讲的是一对父子的对话。

儿子说：“爸爸，我们去看马戏吧！”

爸爸回答：“不去，马戏有什么好看的？你不看我正忙着吗！”

儿子无限惋惜地说：“我同学都去看了，特别有意思，还说有个漂亮姐姐在老虎背上跳舞。”

爸爸：“走，现在就去！很久没看到老虎了！”

这个笑话比较清楚地告诉我们，人和人的利益关注点是不同的，男性和女性的利益关注点不同，成年人和小孩的利益关注点也不同。而相对于小孩，成年人的利益关注点更隐蔽。按照韩非子的表述来说，这个爸爸是偷偷地追求看美女而表面上却是为了看老虎，你跟他讲老虎，他是不感兴趣的；你也不能直接说：“爸爸，我们去看美女吧！”那他肯定会以“少儿不宜”之类的理由拒绝你，甚至训斥你，然后自己偷偷跑去看。这就是韩非子所言的“阴用其言而显弃其身”。因此，正确的做法便是和谈判对方保持一致，表面上一起看老虎，同时暗示他有美女可看。然后，你看你的老虎，他看他的美女，各得其乐。

可见，在谈判的准备阶段，认识谈判对方的利益关注点是十分重要的。对方之所以愿意来参加谈判，乃是由于其所关注的利益无法借由自身独力获得，而需要同你方协力合作。质言之，其所重视的东西需要你的配合方才可能实现。这就类似于，对方患了某种疾病，他迫切需要你这个大夫来为其治疗，但在你无法满足其需要时，他也可能求助于其他大夫。因此，作为一名专业人员，你必须搞清楚对方究竟得了什么疾病，方才可能对症下药、药到病除。如果人家心脏绞痛，你却不停地说感冒的事；人家饥饿难挨，你却讲起减肥的好处没个罢休；这就叫“货不对路”。所以，在谈判学中，“重其重者，轻其轻者”是获得谈判成功的一条重要原则。

我曾经有一次参加朋友聚餐，酒过三巡，菜过五味，有位朋友乘兴给大家讲了个段子：

某富翁想要娶老婆，有三个人选，富翁给了三个女孩各1000元，请她们把房间装满。

第一个女孩买了很多棉花，装满房间的1/2。

第二个女孩买了很多气球，装满房间的3/4。

第三个女孩买了蜡烛，让光线充满房间。

最终，富翁选了身材最好的那个。

这个段子有点低俗。而且因为当时在座的有好几位女同志，讲完之后，现场气氛略显尴尬，效果并不是很好。但是，其所揭示的道理并不俗：当这个富翁追求好身材的时候，你向他展示再多的聪明才智，无异于缘木求鱼。聪明才智并不会令人讨厌，但在上述这种情况下，却令人遗憾地显得非常多余。

在这方面，不得不提到另一个并不低俗，反而听起来还令人心情沉重的故事。它记载于《史记·萧相国世家》中。

在刘邦夺取天下、治理国家的过程中，萧何可谓居功甚伟，而且一直以来都是低调做人、谦恭谨慎、忠心耿耿，刘邦也非常信任他。

汉十一年秋，黥布造反，刘邦亲自率兵征讨，萧何留守长安。

在征战途中，刘邦多次派使者回长安问萧何在做什么。

萧何认为，高祖都在军中吃苦，自己怎么可以不努力。于是，萧何尽心竭力，安抚百姓，关心民生，做了很多好事，甚至将自己家的财产悉数拿出资助军队，深受百姓爱戴。

但是，当听到萧何这般优异的表现时，刘邦很不高兴。

这时，宾客中有人劝说萧何："您就要大祸临头，离毁家灭族不远了。"

萧何不解，忙问其故。

该宾客说："您高居相国之位，功劳也是第一，封赏已经没办法再增加了。您当年刚入关中，就受到百姓拥护爱戴，至今已有十多年了，百姓都纷纷归附。而您现在却还在勤奋努力、孜孜不倦地争取民心。今上之所以多次派人来问您的情况，实际上是害怕关中的百姓都倒向您啊！现如今，您只有多买田地，多干一些强买强卖、欠债不还的勾当，以此破坏自己的名声，降低自己的声望，皇上才会放心。"

萧何听从了这一计策。于是，"上乃大悦。"

这个故事着实让人悲伤：刘邦身为一国之君，竟然希望自己的宰相去做损害人民利益的坏事。当你不理解刘邦的心态和行为时，就说明你的谈判水平还没有入门：你没有认识到刘邦的利益关注点。对于作为皇帝的刘邦来说，当时他在全力平定黥布的叛乱，因此特别关心自家政权的安全。质言之，他不希望任何一个人在合法性、正当性上超越自己，特别是一个比自己更聪明、更有能力，也更受人民群众拥护爱戴的人。在这种情况下，对刘邦而言，萧何的才智和能力不仅不是优点，反而是巨大的威胁。若没有那位宾客的及时提醒，萧何的聪明才智和爱民如子可能会给他带来杀身之祸。

与萧何的聪明识时务相比，西晋的司马攸可以说是糊涂至极。

司马攸本是晋武帝司马炎同父同母的亲弟弟。因为伯父司马师没有后嗣，所以他们的父亲司马昭就把司马攸过继给司马师做嗣子。司马昭成为晋王后，多次表示有意把权力转移回哥哥司马师一系，传位给司马攸。后来由于亲信反对，而且嫡长子司马炎能力水平都不错，最后司马昭放弃了这一念头。

后来司马炎逼迫魏元帝曹奂禅让，抢班夺权成功，建立晋朝，自立为帝，是为晋武帝。司马攸受封为齐王，“总统军事，抚宁内外”，很多人都依附于他。

更麻烦的是，司马攸本人爱好读书，能写文章，性格清和平允、亲贤好施，思想道德水平还特别高。据说虽然他一直待在首都，并没到封国齐国去，但是他会把所收的租赋都分赐给齐国的文武官员、士卒，每有疾病和死丧的也会送钱抚恤。如果百姓遇到水旱灾年，他也会积极赈灾济贫，减轻租赋，甚至借钱给百姓维持生计，等到丰收之年才要求偿还，收债的时候还“十减其二”，只收总额的80%。由此，封国内的士民官吏都十分信赖他。

在日常生活方面，司马攸也是不贪不占，节俭度日。当时王室宗亲的一切衣食开销都由皇家府库（御府）负担，但司马攸上表，说靠封国所收的租赋和自己的工资已经足以养活自己（租秩足以自供），请求皇家府库不要再给自己衣食钱了。前后上表了十几次，晋武帝都没同意。

后来，司马攸迁任骠骑将军，“开府辟召，礼同三司”，但这哥们儿仍然很低调，谦虚待人，诚实守信，史书记载为“降身虚己，待物以信”。根据当时规定，骠骑将军应取消营兵，但司马攸太得人心，手下兵士数千人感恋他的恩德，坚决不肯走，还聚众拦住首都官员的车驾闹事，最后晋武帝没办法，就把这些兵士还给了司马攸。

可以说，司马攸绝对是有才、有能、有品、有德。到了晋武帝晚年，“诸子并弱，而太子不令，朝臣内外，皆属意于攸”。在这种背景下，司马攸的才能品德就成了弱点，成了晋武帝司马炎的心头之患。晋武帝认为，一旦自己死后，弟弟司马攸对自己的儿子司马衷会构成巨大威胁。

于是，在中书监荀勖、侍中冯紞等人的影响下，晋武帝下诏命令司马攸返回封地齐国。这一诏令受到朝中众多大臣的激烈反对，张华、曹志、向雄、司马骏、王浑、王济、羊琇、成粲、刘暾、郑默、甄德等大臣纷纷上书，认为齐王应当留在京城辅政，希望晋武帝收回成命。但是，朝臣越是反对，晋武帝越是猜忌并恐惧于司马攸的力量，反而连下几道诏书催促司马攸上路。

当时司马攸正在生病中，晋武帝却怀疑他在装病，就派宫中御医去齐王府探查虚实。而御医们回来报告，都说齐王没病。实际的情况却是，司马攸的病情日渐沉重。

在哥哥的一再催促下，司马攸辞行上路，出京没几天，就在路上呕血而亡，终年36岁。[①]

与刘邦一样，身为一国之君，晋武帝并不希望自己的弟弟深受百官和群众的爱戴。因此，司马攸一直没有想清楚，在与亲哥哥打交道的时候，高超的才能和高尚的品德并不是优点，而是缺点，是对政权安全的巨大威胁。从这个角度观察，司马攸应该做一些坏事、贪一些财产、惹一些骂名，这样他的生命才会多一分安全。

总之，在你采取行动之前，务必认识清楚对方的利益关注点。还是前面的话，这就像一个医生，给病人看病开药方，首先得看到这个病的症结在哪里，方才能做到对症下药、药到病除。在谈判中，对方的利益关注点就是谈判者首先应该找到的“症结”。

心理学上有一句话说得很好：你心上面有个钩子，别人才能够挂东西；如果没有这个钩子，对方有再多东西，也没办法挂到你的心上。在谈判中，对方的“利益关注点”就是对方心上的那个钩子，找到了它，你就可以方便自如地在上面挂满你想要的东西。

① 《晋书·卷三十八·列传第八》。

第八课

站在对方的立场上观察和讨论问题

作为一个自然人，对方天然地只考虑自己，只重视自己的利益。因此，你跟他不停地强调你的利益受到影响，你的权益受到损害，并不会真正地触动对方，这也无法成为对方应当向你让步的理由。因此，妥当的做法是从对方的立场出发考虑问题，强调对方利益会受到影响或者损害。而为了避免对方的利益损失，或者为了增进对方的利益，对方有必要接受某一谈判方案。

《三国演义》第四十三回讲到了鲁子敬力排众议、劝说孙权的故事，也可谓有异曲同工之妙。话说曹操挟天子以令诸侯，东征西讨，逐一消灭了一系列较有实力的军阀，南征荆州之后，刘备逃往江夏，曹操为避免刘备结连东吴、成为大患，就接受了荀攸的建议，“遣使驰檄江南，请孙权会猎于江夏，共擒刘备，分荆州之地，永结盟好”，意图以此破坏孙刘结盟的可能性。

孙权接到曹操檄文，一时游移不定，于是召集大臣一起商量如何应对。

张昭发言说：“曹操拥百万之众，借天子之名，以征四方，拒之不顺。且主公大势可以拒操者，长江也。今操既得荆州，长江之险，已与我共之矣，势不可敌。以愚之计，不如纳降，为万安之策。”

张昭的意思很清楚，曹操人多势众、名正言顺，而且已经占据了荆州，导致孙权所凭借的长江天险已经失去了战略优势，这种局面下，只有投降一条路。

众谋士听了张昭的高见，也附和道：“子布之言，正合天意。”

大家意见一致，认为天意如此，不可不降。

话都说到这个分儿上了，《三国演义》里面形象地呈现了孙权的反应，实际上是没反应：“沉吟不语”。

面对孙权的沉默，张昭认为是火力不够猛，主公有疑虑，所以继续火上浇油：“主公不必多疑。如降操，则东吴民安，江南六郡可保矣。”

说白了就是：“你还犹豫个啥？赶紧投降！投降曹操，一方面对东吴的老百姓好，可以避免生灵涂炭；另一方面我们的江南六郡也可以免于战火，得以保全。”

孙权的反应，还是没反应："低头不语"。

就这么沉默了一会儿，孙权要上洗手间，鲁肃赶紧起身跟在后面。孙权看出了鲁肃有话要说，就拉着鲁肃的手，问："卿欲如何？"

鲁肃回答说："恰才众人所言，深误将军。众人皆可降曹操，惟将军不可降曹操。"

这话说得很直接：刚才众人所说的话，对他们自己好，对老百姓好，却唯独耽误了将军您啊！大家都可投降曹操，唯独将军您不可投降。

孙权追问："为何这么说？"

鲁肃答道："如肃等降操，当以肃还乡党，累官故不失州郡也；将军降操，欲安所归乎？位不过封侯，车不过一乘，骑不过一匹，从不过数人，岂得南面称孤哉！众人之意，各自为己，不可听也。将军宜早定大计。"

我们要投降了，还能回老家弄个州牧、郡守当当；将军您投降了，该去哪里合适呢？地位撑死了也就封个侯，给你配一部车、配一匹马、配几个随从，您还能怎样呢？还能南面称孤道寡、当领袖吗？刚才众大臣的主意，都是各自从自己的利益出发，坚决不能听。您还是适合早点自己拿主意。

听罢鲁肃的话，孙权感叹："刚才他们的话，太让我失望了。你简直说到我的心里去了。你真的是老天爷送给我的一份大礼。"

对比一下张昭和鲁肃的说辞，你可以发现：张昭关心的是曹操厉害不厉害，投降曹操对江南六郡好不好、对东吴的老百姓好不好；鲁肃其实只谈了一点，就是投降曹操对孙权好不好。

平心而论，不论是张昭的主降还是鲁肃的主战，其实都有其内在的道理。而鲁肃的论说之所以具有更大的力量，最终说服孙权选择和刘备结盟共同抵抗曹操，在我看来，很大一部分原因就在于鲁肃的言说方式：他选择了站在孙权的立场上观察和讨论问题，然后把自己主战的主张和孙权的立场巧妙地糅合在了一起，甚至以退为进地表示：其实投降曹操对我的利益没啥影响，还是高官得做、骏马得骑，只是主公您就不一样了！而这自然暗示着：我鲁肃之所以主战，并非出于自己的利益考虑，而是全然基于主公您的立场出发啊！

讲到这里，有必要给大家推荐一篇雄文！

战国时期，韩国水利工程师郑国入秦，游说秦王兴修水利，开凿“郑国渠”，灌溉农田，增加粮食产量。后来，秦人发现其实际上是韩国间谍，凿渠溉田实际上是韩国实施的“疲秦计划”，企图借此耗费秦国大量的人力物力，从而使其没有能力攻打韩国。“郑国间谍事件”暴露之后，秦宗室大臣纷纷进言秦王，认为东方六国来秦的客卿太多，许多还身居高位、执掌大权，其中很多人可能是他国的间谍，阴谋损害秦国的利益，在政治上极不可靠，因此应当全部驱逐出境，秦国的事儿秦人来干。秦王嬴政据此下令：驱逐所有六国来秦的客卿。

李斯是楚国人，也在被驱逐之列。在被逐、离秦的路途中，李斯奋笔疾书，写下了著名的千古雄文《谏逐客书》。

第一部分文章开门见山、单刀直入，提出总论点：“臣闻吏议逐客，窃以为过矣。”明明是秦王下的逐客令，李斯却说是“吏议”，也就是说自己否定的是某些官员的建议，而非秦王的命令；过错的责任在“吏”，而不在“王”。从而由此避免了与秦王的直接冲突。其次，这里的“吏”是个非常宽泛的表述，李斯并没有直呼其名地针对某位大臣，从而将讨论的重点限制在逐客这件事情上，就事论事，而不是针对某个人，能够最大限度地避免与老秦宗室大臣的冲突。这一招很聪明，可以避其锋芒。

第二部分回顾了秦国从穆公到昭襄王任用“客卿”变法改制、富国强兵、开疆拓土的创业历史。事实胜于雄辩。通过摆事实来讲道理，借由一系列历史事实说明外来人才一直以来对秦国的王霸大业居功甚伟。

➢ 从前秦穆公寻求贤士，西边从西戎取得由余，东边从宛地得到百里奚，又从宋国迎来蹇叔，还从晋国招来丕豹、公孙支。这五位贤人，不生在秦国，而秦穆公重用他们，吞并国家二十多个，于是称霸西戎。

➢ 秦孝公采用商鞅的新法，移风易俗，人民因此殷实，国家因此富强，百姓乐意为国效力，诸侯亲附归服，战胜楚国、魏国的军队，攻取土地上千里，至今政治安定，国力强盛。

➢ 秦惠王采纳张仪的计策，攻下三川地区，西进兼并巴、蜀两国，北上收得上郡，南下攻取汉中，席卷九夷各部，控制鄢、郢之地，东面占据成皋天险，割取肥田沃土，于是拆散六国的合纵同盟，使他们朝西事奉秦国，功烈延续到今天。

➢ 昭王得到范雎，废黜穰侯，驱逐华阳君，加强、巩固了王室的权力，堵塞了权贵垄断政治的局面，蚕食诸侯领土，使秦国成就帝王大业。

很明显，这四位君主的霸业，其中都有客卿的功劳。“倘若四位君主拒绝外客而不予接纳，疏远贤士而不加任用，这就会使国家没有丰厚的实力，秦国没有强大的名声了。”

这里有必要额外指出的是，相对于现代社会，在古代社会，优秀的列祖列宗的行为表率作用对古人而言具有基本上可以说是不容置疑的权威性。因此，李斯大量引用秦国历代先王重用客卿、开创伟业的故事，对秦王而言是非常有说服力的。

第三部分则以物比人，强调并不是只有产于秦地的才好、才能用，生于外国的便不好、不能用。

陛下罗致昆山的美玉，宫中有隋侯之珠、和氏之璧，衣饰上缀着光如明月的宝珠，身上佩戴着太阿宝剑，乘坐的是名贵的纤离马，树立的是以翠凤羽毛为饰的旗子，陈设的是蒙着灵鼍（tuó）[1]之皮的好鼓。

这些宝贵之物，没有一种是秦国产的，而陛下却很喜欢它们，这是为什

① 灵鼍，即鼍龙，一种与鳄鱼相似的动物，皮可鞔鼓。

么呢?

如果一定要是秦国生长、出产的才许可采用，那么:

- 这种夜光宝玉，决不会成为秦廷的装饰;
- 犀角、象牙雕成的器物，也不会成为陛下的玩好之物;
- 郑、卫二地能歌善舞的女子，也不会填满陛下的后宫;
- 北方的名骥良马，决不会充实到陛下的马房;
- 江南的金锡不会为陛下所用;
- 西蜀的丹青也不会作为彩饰。

如果用以装饰后宫、广充侍妾、爽心快意、悦人耳目的所有这些都要是秦国生长、出产的才可用的话，那么您就只能听那敲碗打瓦、拍着大腿弹着筝、呜呜呀呀的声音了，因为这才是秦国地道的本土音乐。而郑国、卫国桑间的歌声，《韶虞》《武象》等乐曲，可全都是外国货，不能再听了。

如今，陛下却抛弃了秦国地道的敲击瓦片的音乐，而取用郑、卫淫靡悦耳之音，不要秦筝而要《韶虞》，这是为什么呢?难道不是因为外国音乐可以快意，可以满足耳目功能的需要么?

可陛下对物如此，对人却不是这样。不问是否可用，不管是非曲直、青红皂白，凡不是秦国出生的人就要赶走，凡是客卿都要驱逐。

这样做只能说明，陛下您所看重的，只在珠玉声色;对于人民士众，却是轻蔑忽视。

这真的不是驾驭天下、制服诸侯的良策啊!

第四部分则回到论题本身，秦国要成为一个广土众民、民富兵强的大国，就必须不断地吸收和利用外国的人才和百姓，而不能逐客以利敌国。

先说一般原理:

臣闻地广者粟多，国大者人众，兵强则士勇。是以泰山不让土壤，故能成其大；河海不择细流，故能就其深；王者不却众庶，故能明其德。是以地无四方，民无异国，四时充美，鬼神降福，此五帝三王之所以无敌也。

再由一般原理回到对逐客令的批评：

如今，逐客令的实施，实际上是抛弃百姓让他们去帮助敌国发展，排斥外来人才使之去事奉列国诸侯。此令一出，使得天下贤士望秦而却步，裹足止步不敢西进入秦。真的可谓是“借武器给贼寇，送粮食给盗贼”啊。

最后一部分是全文总结，强调逐客令的实施损己利敌，将秦国置于危险境地：

夫物不产于秦，可宝者多；士不产于秦，而愿忠者众。今逐客以资敌国，损民以益仇，内自虚而外树怨于诸侯，求国无危，不可得也。

从谈判学的角度分析，李斯的《谏逐客书》最厉害的一点是：作为一名深受逐客令之害的外客，作为一个利益相关者，李斯在论证秦国驱逐客卿的错误和危害时，完全没有涉及自己个人的进退得失、富贵荣辱，而是一心一意、全心全意地站在秦国和秦王富国强兵、广土众民、一统天下的宏伟事业的高度和立场上来展开论述。

反映在谈判学上，这一技巧可以被称为“站在对方的立场上讨论问题”。质言之，对方不是你，自然没有义务从你方的立场出发思考问题，不会天然地就考虑你方的利害得失。作为一个自然人，对方天然地只考虑自己，只重视自己的利益。因此，你跟他不停地强调你的利益受到影响，你的权益受到损害，并不会真正地触动对方，这也无法成为对方应当向你让步的理由。因此，妥当的做法是从对方的立场出发考虑问题，强调对方利益会受到影响或者损害。而为了避免对方的利益损失，或者为了增进对方的利益，对方有必要接受某一谈判方案。

上述道理其实每个人都懂，可是，大家基本上都是在作为旁观者的时候才懂，一旦置身于纠葛之中，作为谈判的一方当事人，上述道理就会被忘得一干二净。

曾经有个学生跟我抱怨：他结婚之后想买套属于自己的房子，但手里的钱不够首付，于是找亲戚朋友张口借钱，却四处碰壁，顿感人情冷暖、世态炎凉。

我问他：你是怎么借钱的呀？

他回答：还能怎么借？不就是据实说，自己要买房，需要凑首付，如果大家手里有余钱，借我一点，渡过难关，云云。

听了他的介绍，我评价说：你其实不会借钱。

找亲戚朋友借钱也是需要技巧的。而我这位学生说的话里强调的全是自己的利益关注点，他不停地述说着自己的困难、自己的需要。这些困难无论多难，这些需要无论多么迫切，都是他自己的困难、自己的需要，与他寻求帮助的亲戚朋友基本无关。这种对自己的苦难的叙说，只能打动那些与你休戚相关、荣辱与共的亲戚朋友，他们会分享你的喜怒哀乐，把你的困难当成他们自己的困难，把你的成功当成他们自己的成功。我并不否认这样的亲戚朋友的存在，我只是想强调：这样的人绝对数量会很少。对绝大多数亲戚朋友而言，要想获得他们的帮助，你就不能采取自我中心主义的立场，而是要站在他们的立场上考虑问题，首先想想他们帮助你能得到什么好处。质言之，你必须给他们帮助你提供一个充分的动力，而不是单纯基于同情。

我曾经读过一个故事。

一人深夜去自动存取款机（ATM 机）存款，碰巧遇到 ATM 机故障。存进去的 1 万元被机器吞下，却没有计入他的银行账户。

他大惊，当即打电话联系银行客服人员，却被告知必须等待天亮后工作时间才能派工作人员过来。

此人甚是失望，正待离开之际，突然灵机一动，便使用公用电话再次致电客服，称自己取款时，此处 ATM 机多吐出 3000 元钱，请火速派人过来取走款项并维修机器。

果然，5 分钟后，维修人员就赶到了现场！

这个故事告诉我们：别人不帮助你，是因为没触及他的利益。一定要想办法把你的问题和他的利益有机地联系起来，方才可能引起对方重视，人家才有意愿和动力帮助你。

如果说上面的那个故事有虚构嫌疑的话，那么接下来的案例则代表了更多的历史真实。①

第二次世界大战对正常的农业生产产生了巨大的破坏，牲畜减少、农田被毁、劳动力稀缺的同时，1945 年的粮食歉收和冬季的严寒加剧了日本人和德国人所面临的粮食危机。

想到德国、日本在战争期间所行的罪恶，公众对他们忍饥挨饿的同情心十分有限。而要说服国会议员出钱赞助国际救灾机构，比如联合国善后救济总署，来救助中国、法国、波兰等曾遭受德日侵略的异国受害者施就已经十分困难，现在还要花更多纳税人的钱，“或按照一些人的建议，削减英国人自己的配给”，去养活不久之前还在作恶的敌人，这简直是难以想象的！

怎么说服国民及其代表呢？

英国亲工党的《每日镜报》（*Daily Mirror*）以《喂饱野蛮人？》为题告诉国民：提供援助并不是对德国人以及那些被赶出家园的日耳曼难民报以同情；

---

① ［荷兰］伊恩·布鲁玛：《零年：1945：现代世界诞生的时刻》，倪韬译，北京日报出版社，2019 年版，第 67 页。

之所以有必要施以援手，并不是由于同情心作祟，而是由于，“如果任由欧洲在泥潭里越陷越深，就要花更长的时间让其重见天日——导致占领也得持续下去”。质言之，德国和日本的全盘崩溃，会给盟国政府带来更多的麻烦。

很明显，在提供援助的理由上，英国不是站在德国和日本的立场上，而是站在本国人民的立场上，强调提供援助对本国人民有利。

以上的案例讲的是怎样说服别人提供帮助，接下来说说怎么劝别人别去干某件事。这方面，金庸老爷子给我们提供了一个典型的例子。

在《倚天屠龙记》第三十四回《新妇素手裂红裳》中，张无忌和周芷若前往大都打听消息，正赶上一年一度的皇帝大游皇城的日子。

彩车过完，只听得梵唱阵阵，一队队身披大红袈裟的番僧迈步而来。众番僧过后，铁甲锵锵，二千名铁甲御林军各持长矛，列队而过，跟着是三千名弓箭手。弓箭手过尽，香烟缭绕，一尊尊神像坐在轿中，身穿锦衣的夫役抬着经过，什么土地、城隍、灵官、韦陀、财神、东岳，共是三十六尊神像，最后一神是关圣帝君。众百姓喃喃念佛，有的便跪下膜拜。神像过完，手持金瓜金锤的仪仗队开道，羽扇宝伞，一对对的过去。众百姓齐道：“皇上来啦，皇上来啦。”远远望见一座黄绸大轿，三十二名锦衣侍卫抬着而来。

黄稠大轿中端坐着的正是蒙古皇帝！

这千载难逢的好时机，张无忌如何会放过。他正要出手刺杀，却被彭莹玉阻拦。

彭莹玉为什么要拦下他呢？明眼人一看都知道，双方实力悬殊，对方人多势众，张无忌个人能力再强，双拳难敌四手，好汉架不住人多，只要出手了，基本上可以肯定是有去无回的结局。但是这话没办法直接讲，你劝张无忌：“教主，你千万别去，太危险了，你这样做会害死大家的。”张教主肯定回告你：“彭和尚，难道你怕了？想不到你如此怂包！”羞辱你一番，然后还可能自我表扬：“我视死如归，不怕牺牲！仇敌近在咫尺，我堂堂英雄男儿，如何能躲在这里做缩头乌龟？！”说不定一激动，还可能拉上大伙儿去做垫背的：“弟兄们，跟我一起上！”最终白白折损了众家兄弟的无辜性命。

人家彭莹玉可是个有脑子的人，决计不会这么干。书中描述说，在张无忌正要出手袭击之时：

张无忌左首一人忽然说道：“不妥，不妥。以暴易暴，未见其可也。”

张无忌、韩林儿、周芷若齐吃一惊，向这人看去，却是个五十来岁的卖药郎中，背负药囊，右手拿着个虎撑。那人双手拇指翘起，并列胸前，做了个明教的火焰手势，低声道：“彭莹玉拜见教主。教主贵体无恙，千万之喜。”

张无忌大喜，道：“啊，你是彭……”

原来那人便是彭莹玉，他化装巧妙，站在身旁已久，张无忌等三人竟未察觉。

彭莹玉低声道：“此间非说话之所。鞑子皇帝除他不得。”

彭和尚这句话说得甚妙：结论已经有了，“鞑子皇帝除他不得”；关于理由及其陈述，却是卖了个关子：“此间非说话之所。”如果张教主想知道不杀皇帝的理由呢，这儿不是说话的地方，咱们回去再说。问题是你只要跟我回去，不论我提供的理由你信服不信服，反正刺杀的时机已经过去了，你的激情和冲动也都过去了。

仔细琢磨咂味，这个和尚绝对了不得！你说他故作高深、故弄玄虚也好，说他老奸巨猾、老成谋国也罢，在他阻止张无忌冒险犯难这一点上，他是无比成功的。张无忌那年轻人的血性和冲动，被他一言一语消弭于无形：“张无忌素知他极有见识，点了点头，不再言语，伸手抓住了他左手轻摇数下。”

回到客栈，韩林儿首先忍不住，问道：“彭大师，适才咱们抢上彩楼，一刀将鞑子皇帝砍了，岂非一劳永逸？”

彭莹玉摇头道：“这皇帝昏庸无道，正是咱们大大的帮手，岂可杀他？”

韩林儿奇道：“鞑子皇帝昏庸无道，害苦了老百姓，怎么反而是咱们大大的帮手？”

彭莹玉道：“韩兄弟有所不知。鞑子皇帝任用番僧，朝政紊乱，又命贾鲁开掘黄河，劳民伤财，弄得天怒人怨。咱们近年来打得鞑子落花流水，你道咱们这些乌合之众，当真打得过纵横天下的蒙古精兵么？只因这胡涂皇帝不用好官。汝阳王善能用兵，鞑子皇帝偏生处处防他，事事掣肘，生怕他立功太大，抢了他的皇位，因此不断削减他兵权，尽派些只会吹牛拍马的酒囊饭袋来领兵。蒙古兵再会打仗，也给这些混蛋将军害死了。这鞑子皇帝，可不是咱们的大帮手么？”

你看，这蒙古皇帝的骄奢淫逸、愚蠢糊涂非但没有构成杀死他的理由，反而成了不得害他性命的有力理由：皇帝越糊涂，任用的酒囊饭袋越多，我们的“革命事业”越容易成功。如果你是真正的“革命者”，断然没有凭空给自己增加难度的道理。而你杀这蠢皇帝，就是添堵添乱的行为。

这智商，这逻辑，张无忌只有鼓掌的分儿：“这番话只听得张无忌连连点头称是。”

正面说完蒙古皇帝的愚蠢的好处，马上又开展了反面论证：一旦这蠢货被杀，换上了个聪明睿智、励精图治的新皇帝，那会是什么样的情形呢？

彭莹玉又道：“咱们若是杀了鞑子皇帝，皇太子接位，瞧那皇太子的模样，倒是个厉害角色，就算新皇帝也是昏君，总比他的胡涂老子好些。倘若他起用一批能征惯战的宿将来打咱们，那就糟了。”

张无忌和韩林儿豁然开朗，佩服得五体投地。

张无忌道："幸得大师及时提醒，否则今日我们若然鲁莽，只怕已坏了大事。"

韩林儿连打自己嘴巴，骂道："该死，该死！瞧你这小子以后还敢胡说八道、乱出胡涂主意么？"

当然，"大事"的成功很重要，但教主的安危也不能忘记。彭莹玉迅速补充了第三个理由：

"教主是千金之体，肩上担负着驱虏复国的重任，也不宜于冒大险，效那博浪之一击。属下见皇帝身旁的护卫之中，高手着实不少，教主虽然神勇绝伦，但终须防寡不敌众。万一失手，如何是好？"

你看，彭和尚这一番说辞里，没有丝毫个人生死的考虑，他心里想的全是"大事"的成功和张教主的安危，殷殷关怀之心溢于言表。张无忌纵是铁石心肠，也不可能没有感受。书中写道：

张无忌拱手道："谨领大师的金玉良言。"

无论是"拱手"的姿势，还是"大师"的称呼，抑或是"谨领""金玉良言"的表述，无不透露出张教主对于彭和尚一番高屋建瓴的透彻分析的敬服之情。

所有这些效果，其实都立基于彭莹玉是站在张无忌的立场上，以张无忌的角度来观察和分析问题的。

第九课

学会拒绝：移花接木和釜底抽薪

许多情况下，我们在谈判中都会遭遇到对方提出一些你根本没办法接受的要求。这样的无理或者过度要求，有的适合于断然拒绝，有的断然拒绝却并不合适，会显得你没有礼貌或者可能会损害双方之间长久的人际关系。这时候，隆重推荐大家运用“移花接木”的谈判技术，也就是“先同意，然后附加条件”。这样不仅可以把你从对方无理的要求中解放出来，而且会转换话题，为对方设置难题，将困难抛给对方。也就是俗话说的“将对方一军”。

有个成语叫“移花接木”，表面的意思是把一种花木的枝条或嫩芽嫁接到另一种花木上，其比喻意义是暗中用手段更换人或事物，从而达到迷惑对手的目的。这一技巧在谈判中获得了非常普遍的应用。

许多情况下，我们在谈判中都会遭遇到对方提出一些你根本没办法接受的要求。这样的无理或者过度要求，有的适合于断然拒绝，有的断然拒绝却并不合适，会显得你没有礼貌或者可能会损害双方之间长久的人际关系。这时候，隆重推荐大家运用“移花接木”的谈判技术，也就是“先同意，然后附加条件”。这样不仅可以把你从对方无理的要求中解放出来，而且会转换话题，为对方设置难题，将困难抛给对方。也就是俗话说的“将对方一军”。

举个最简单的例子，比如你是一位男性，你的一位女同事在办公室公开向您提出要求：

“帅哥，你愿意把你的宝马车送给我吗？”

这时候如果你回答：“那可不行！”就会显得有点小气，不懂得开玩笑，没有幽默感！所以，你应该这么回答：

“当然可以！哈哈，只要你愿意帮我把欠债还了。我最近正考虑把车卖了还债呢！马上有一笔150万元的账单到期该还了。”

很明显，这下该轮到对方拒绝了。

这里运用的技巧便是“移花接木”，也就是悄悄地把谈判的重点由“送不送车”转换成了“嫁不嫁给我”。这种转换是通过附加一个条件来实现的，即通过附加对方根本不可能接受的条件，实现拒绝对方要求的目的。在现实生活中这是一个非常实用且运用广泛的谈判技术。

再举一个职场中常见的例子。

容貌秀丽的女性在职业生涯中被人觊觎是非常多见的现象。要知道，这既可能意味着机遇，因为很多人因为你的美貌愿意进一步接触你、亲近你，愿意给你机会；当然也可能是麻烦，因为许多异性可能会有非分之想。如果你在一次聚会时认识了某个具有相当社会地位的男士，他事后提出了约你私下见面的邀约，你如果贸然同意，会造成对方误解，以为他自己有机会；如果断然拒绝，那么对方可能会感觉颜面受损，以后关系会相当难处。

这种情况下，你就可以运用“移花接木”的技巧。下列两种说法都是可行的选择：

“可以啊！不过我有个条件，就是您得带上您太太。我特别想认识她，让她给我分享一些经验，怎么才能找到像您这么优秀的老公！”

或者说：

“我们想到一起去了！上次聚会后，我师傅还说要专门约您聚一次呢。这下正好，我来安排时间！”

通过附加条件，“移花接木”的技术把谈判的话题由“要不要私下见面”转换成了“要不要带上太太（或者师傅）一起见面”。这样说其实就是表示拒绝两个人私下见面，但是说得很委婉，也能充分地让对方了解你对和他交往的态度。当然，额外地还能起到测验作用，测试一下对方的意图：是想和你这个人交朋友，还是有其他的非分之想。

以上所举的是两个虚拟的例子。我想强调的是，在真实的商业世界中，“移花接木”也被人们频繁地运用着。

2019 年，任正非接受美联社记者采访，有记者问：“华为为什么不聘用外籍人员做 CEO？”

这个问题其实居心不良，意图突出强调：华为是个中国公司，具有排外性。

面对这个问题，任正非回答说：

“当然可以啊！不过得符合以下两个条件：第一，外籍员工必须具备这个能力；第二，外籍员工必须在华为公司工作 25 年，从基层一层层升上来，才能了解整个公司的结构。有些西方公司 CEO 像‘走马灯’一样换，换几次，这个公司就没有了。因为这个 CEO 不了解基层实际情况，以为喝喝红酒、谈谈哲学就能领导公司。”

任正非接着说：

“欢迎你们给我们推荐 CEO、董事长人选，可以先派遣到非洲去，到科摩罗岛上去‘一人一厨一狗’地锻炼，再到有些地方进行技术锻炼，完全知晓华为业务，将来也有可能上来。”

任正非的回答是非常聪明的，通过这个回答，他偷偷地把讨论的重点从提问者所强调的“华为对中国人和外国人的差别对待”，转移到了“有没有能力、能不能经受得住基层锻炼”的话题上面，可以说是无懈可击。

前述范例，都是运用了“移花接木”技术，附加了肯定性条件的情况。实践中，与“移花接木”类似，在拒绝对方无理要求之时，还有“釜底抽薪”技术可供选择。所谓“釜底抽薪”，原意是指把木材从锅底抽掉，从而达到让锅里的水停止沸腾的目的，实践中多用来比喻从根本上解决问题，而不要头痛医头，脚痛医脚。

运用到谈判中，当面对对方提出的无理要求A时，你可以先表示赞同，并感谢对方，进而否定作为A的基础的B的可能性，使得对A的讨论变得毫无意义。这种方法会使得拒绝对方的要求变得更加委婉。

比如，在一众人聚餐时，一位男士当众调侃你："我一直喜欢你，嫁给我吧，求你了！"

你可以这样回应："简直太棒了！被您这样优秀的人喜欢真的是太荣幸了。可惜我结婚早，没机会了。"

如果大家都知道你目前单身，你可以这么说："太棒了！被您这样优秀的人喜欢真的是太荣幸了。可惜我这辈子不准备结婚。"

甚至你也可以用调侃的方式回敬："很好啊！太荣幸了。可惜我喜欢女的。"

上面只是列了三种回应方式，其实遵循"釜底抽薪"的逻辑，你还可以设计出更多的方式。但是，不论你使用哪一种，其目的都在于把作为"和我结婚"的基础的"结婚"给否定掉，这比起单纯地否定对方的人要好得多。在现实生活中，反面的例子不胜枚举：

- 你不是我的菜！
- 我不喜欢你这种类型！
- 你还是得照照镜子！
- 我对你没兴趣！
- 别开玩笑，咱俩不合适！
- 就你这个儿，我怕将来影响孩子找对象！

2012年，演员黄渤到郭德纲主持的综艺节目去宣传电影《杀生》。

郭德纲问黄渤："有一天我要找你拍戏，要多少钱？"

这个问题很不好回答：如果直接说出自己目前的实际薪酬，一方面暴露了自己的收入，另一方面也显得没有给郭德纲优惠待遇；如果说得低了，一方面会让对方小瞧自己，觉得自己很廉价，另一方面如果郭德纲真的来找了，并且按照这个价格给钱，那么自己就亏大了。

黄渤是这么回答的，他说："绝对不要钱，因为没时间嘛。"

郭德纲一时语塞，不知道该怎么接话。

在这里，黄渤运用的就是"釜底抽薪"。首先说和郭德纲合作"绝对不要钱"，给足了郭德纲面子。然后将"合作"的前提"有时间"给否定掉了，实际上也就否定了合作的可能性。

同样道理，你是一名执业律师，一位当事人来找你寻求法律帮助，咨询过程中问："律师，您看，我这种情况，这个案子您能免费帮我代理吗？"

如果你直接拒绝："绝对不行！你想什么呢？！"那么效果可想而知，必然一塌糊涂。

正确的表述是："当然有可能啊！只要您符合国家法律援助的条件。这样，我们律所有同事专门负责法律援助案件的咨询工作，我把您介绍给他们，他们会为您提供专业而有效的帮助。"

这样的回答方法，留下了回旋余地，既有专业性，也不失人情味，有助于维护和当事人的长远关系，让你成为一名有水平、有温度、有情怀的律师，赢得当事人的尊重。

第十课

降低对方的期待

如果对方想要一架飞机，你就是把你家的三部车全部给他，他也不会满意的。因此，谈判的第一步不是讨价还价，而是降低对方的期待，让对方认识到他可能只能得到一部车。

谈判中遇到困难，遭遇僵局，很多情况下都是因为谈判对方的期待比较高，有时高得离谱，程度超出你的想象。在这种情况下，我可以教给你的是：达成协议的第一步是降低对方的期待！

如果对方想要一架飞机，你就是把你家的三部车全部给他，他也不会满意的。因此，谈判的第一步不是讨价还价，而是降低对方的期待，让对方认识到他可能只能得到一部车。

从反方向上来说，如果你想让对方接受一个不利后果，你就必须让他面对一个更加不利的局面。比如，你想让某个学生接受"毕业论文不通过、需要延期一年毕业"这个结果，那你必须首先要向他呈现"毕业论文不通过，可能拿不到学位"这样一个更为不利的后果。

当你生病去医院就诊时，医生往往会将你的病情说得特别严重，也是这个道理。说白了，就是让你降低对医生和医院的期待。期待一旦降低，那么如果最后顺利治愈，你就会喜出望外，无疑快乐程度也会更高；如果治疗不那么顺利，因为你已经有了心理准备，面对不利消息时也更能经受得住打击。

以上正反两个方面的技术应用，其心理基础就是我们常说的：两利相权取其重，两害相权取其轻。

很多谈判研究者都会讲到下面这个故事，我觉得这个故事虚构的可能性比较大，但这并不影响其所反映道理的真切性。

从前在一个偏远的太平洋小岛上，有一对老夫妻住在一间几近坍塌的茅草屋中。一场飓风吹来，吹垮了茅屋，使他们无家可归。他们又老又穷，无法重建屋舍，只好搬去和女儿女婿同住。但是，由于女儿的茅屋也不大，且女儿又有四个小孩子，原本只能勉强住得下，所以，老夫妻搬来后大家住在一起显得格外拥挤。这样造成了大家在屋内行动非常不便，大家一回到屋里就仿佛待在“笼子”里似的，每个人都深为所困却又无计可施，大家都觉得是这对老夫妻的到来导致了目前的局面。

于是，女儿便走访了村中最有智慧的一个老人，看他能不能想出办法。

这位智者听完对方的诉苦后，问道：“你家有几只鸡？”

女儿答道：“八只。”

“把它们都养到屋子里，一个礼拜后再来找我。”这是智者给她出的第一个主意。

虽然对此感到不可思议，但是出于对智者的尊重和信任，女儿还是照办了。不过，家中境况并未因此而好转，反而更加恶化了。家中整天鸡屎满屋、鸡毛乱飞，家人的抱怨声更是此起彼伏。

一个星期后，饱受煎熬的女儿再次来找智者求助。

智者又问道：“你们家有几头猪？”

女儿答道：“三头。”

“把猪也养在家里。一周后再来找我。”智者出了第二个主意。

女儿这次感到更加不可理解，不过，联想到智者以前的声誉，她还是遵照智者的意思把猪也养进了屋子里。

这样，八个人、八只鸡，还有三头猪，共处一室，真是又吵又挤又臭，家人无不抱怨。

女儿好不容易终于熬过了七天，赶紧又跑去见智者。

这次，女儿一见智者，眼泪忍不住流了下来：“请救救我们吧，这种日子实在是没法过了。您快点告诉我解决的办法吧！”

智者不慌不忙地说：“回去后，立刻把所有的猪和鸡都移到屋外。”

女儿快步跑回家，忙不迭地将所有的动物都移出屋外。

这个家终于恢复了平静，并且家人再也不感到拥挤了，大家在一起过上了幸福快乐的生活。

这个故事告诉我们，对于工作和生活的满意度，都是相对于自己之前的状况而言的。它一直处于变动状态，而不是一个固定不变的绝对值。如果你这个月的收入是3000元，下个月拿到5000元，这是一件幸福感爆棚的大事件。但是如果你这个月的收入是1万元，下个月拿到了5000元，则无疑是一种羞辱。因此可以说，决定你快乐与否的关键不是5000元本身，而是它的参照物是3000元还是1万元。明白了这个道理，作为一名专业的谈判者，如果你准备付给对方5000元并让对方满意的话，你首先要做的是把对方的期待值降低到3000元。

日本著名律师大桥弘昌曾经讲过一个故事，更为直接地运用了这一技巧。[①]

A先生在得克萨斯州经营一家公司，但一直不景气，1000多名员工的薪水也总是拖欠。当时经济普遍不景气，员工生活困难，不满情绪不断积累，不断有员工提出加薪要求。公司已经苦不堪言，加薪根本不现实，而且已经进行了多次裁员，而工厂正常运行使得再次裁员也没有可能了。

作为老板的A先生怎么办呢？他不仅没有加薪，而且透露因为资金周转困难，要全面降薪3%。

员工们很快就听到了风声，大家普遍愤怒了，更多的人丧失了工作积极性，工厂的生产效率大幅度降低，几近瘫痪。但是，即便如此，也没有人提出辞职，可能是因为当时经济环境普遍不好，很难找到工作。但大家一致认为，这家公司维持不了多长时间，肯定要倒闭。但时间一天天过去了，一直没有正式宣布降薪的消息，大家忐忑不安地等待着。

---

① ［日］大桥弘昌:《不败的谈判技巧》，张军伟译，机械工业出版社，2009年版，第7—8页。

过了五天的时间，A 先生举行全体员工大会，发表了讲话："由于公司经营困难，运营成本很高，所以我原本准备全体降薪 3% 以渡过难关。但最近五天里，我茶饭不思，同公司各部门负责人进行了商谈，还和许多工人进行了交流，了解到他们生活很是困难，即便降薪 3% 也会对大家的生活造成巨大的影响。所以，我最后决定放弃降薪的决定。至于如何降低公司运营成本的问题，我们将寻求其他解决的途径。"

本来已经做好降薪准备的员工，听到这番话，欢欣鼓舞，热烈鼓掌。大家都认为："A 先生还是设身处地地为我们的生活考虑的，是一位不错的领导啊。公司对我们还是有感情的，我们怎么能不努力工作呢。"

毫无疑问，对工人们而言，与"降薪"比起来，"维持薪水现状"更容易让人接受；在这种经济形势下，当面临"降薪"的危险时，能维持薪水现状就很不错了，没有人会再奢望"加薪"。如果谁在这种局面下提出"加薪"的要求，那简直就是不识时务了。

在运用这一技术方面，与上面讲到的 A 先生相比，北魏孝文帝拓跋宏绝对可以说是"棋逢对手、将遇良才"。

北魏的首都原来在平城（今山西大同）。孝文帝嫌大同地方寒冷，沙尘暴频发，自然环境恶劣，想迁都到洛阳。但是害怕大臣们不同意，所以就想了一个主意：以举兵讨伐南齐的名义裹挟众人南迁。

在说服了任城王拓跋澄之后，公元 493 年，孝文帝亲自率领步兵、骑兵 30 多万南下，从平城出发，赶往洛阳。到达洛阳之后，正好碰到大雨。秋雨连绵，足足下了一个月，道路泥泞不堪，大军行进困难。

但是，孝文帝仍然披甲戴盔骑马出城，下令继续进军。

大臣们本来不想出兵伐齐，趁着这场大雨，又出来阻拦。

孝文帝严肃地说："这次我们劳师动众，如果半途而废，毫无所获，让后人怎么看？朕世代居住在北方，一直想南迁中原。如果诸位不愿意继续进兵伐齐，那我们就把国都迁到这里。诸位以为如何？同意迁都的，站到左边来；不愿意迁都的，站到右边来。”

安定王拓跋休等人站到了右边。但是，南安王拓跋桢上前说：“成大功者不谋于众。如今陛下只要放弃南伐的想法，那么臣等愿意迁都洛阳，这也是苍生之幸。”

群臣虽不愿迁都洛阳，而更讨厌进兵南伐齐国，既然拥护迁都可以停止南伐，于是绝大多数人都纷纷表示拥护迁都。

迁都洛阳的事，就这样决定下来了。①

要让大臣们接受迁都洛阳，必须让其面对更加恶劣的进兵伐齐。而当大家的心理预期降得很低的时候，“两害相权取其轻”，迁都洛阳就变得完全可以接受了。

① 《资治通鉴》卷一百三十八。

第十一课

劝说的艺术（一）：不要代替对方作选择

在谈判中，“不要代替别人做选择”，意味着在强调自己的主体性的同时，必须承认并尊重谈判对方的主体性。质言之，不要用自己的主体性替代对方的主体性；不要越俎代庖，用自己的判断代替别人的判断；更不要以自己的判断否定对方的判断。

首先讲个故事。

年轻的亚瑟被敌国抓获。敌国的君主没有立即杀死他，而是承诺：只要亚瑟答对一个问题，就可以还给他自由。

这个问题是："女人真正想要的是什么？"

对于这个问题，年轻的亚瑟困惑不解。人们告诉他，可以去请教一位老女巫，或许她知道答案。

找到女巫之后，亚瑟却震惊于她的丑陋：脏兮兮的，驼着背，嘴里只有一颗牙，浑身散发着腐臭难闻的气味……

亚瑟说明来意之后，女巫答应可以帮他回答问题，但附加了一个条件：亚瑟必须让自己最亲近的朋友、十二圆桌武士之一的加温娶自己为妻。

亚瑟拒绝了，他绝不能为了自己的性命而牺牲自己朋友的幸福。

加温知道了这件事之后，对亚瑟说："我同意和她结婚，因为对我来说，这个世界上没有比拯救你的生命更重要的事情了。"

于是，在加温答应了婚事之后，女巫回答了亚瑟遭遇的难题："女人真正想要的是可以主宰自己的命运。"

由于女巫说出了真理，于是亚瑟被释放了。

接下来是加温和女巫的婚礼。

在婚礼上，女巫表现得更加没有修养：不加修饰，蓬头垢面；随意地用手抓东西直接塞到嘴里；用嘶哑的喉咙肆无忌惮地冲着尊贵的宾客大吼大叫，唾沫横飞。

她的言谈举止让在场的所有人都感到极度不适，而其中最伤心的是亚瑟，他在无法释怀的自责中止不住地哭泣，觉得是自己拖累了加温。

在整个婚礼过程中，加温都保持着他温文尔雅的作风。到了晚上，加温依然勇敢地迎接着自己的命运。他坚定地走进新房，却被眼前的景象惊呆了：一个他从未见过的美丽少女半躺在婚床上！

加温如在梦中，不知究竟是怎么回事。

美女告诉他：当自己是个丑陋的女巫时，加温对她非常礼貌、非常体贴，于是，为了回报他的温柔，她准备让自己在一天里，一半的时间是丑陋的女巫，另一半是美丽的少女。

她继而询问加温："白天和夜晚，你想要我在哪一半时间成为美丽的少女呢？"

这是一个非常残酷的选择：究竟是白天向朋友展示一个美丽的女性，让大家羡慕嫉妒，而在夜晚，自己独自面对着一个又老又丑的女巫；还是选择白天拥有一个丑陋的女巫做妻子，但在晚上却可以与一个美丽少女共度亲密温馨时光？

如果你是加温，会怎样选择？

有的人选择白天女巫，夜晚美女，理由是妻子是自己的，又不是为了给别人看的，大可不必爱慕虚荣；

有的人选择晚上女巫，白天美女，因为这样可以有面子；至于晚上，关了灯之后，是美是丑其实没多大分别。

那么，加温是怎么选择的呢？

他没有做任何选择，只是对他的妻子说："既然女人最想要的是主宰自己的命运，那就由你自己决定吧！"

而他妻子的选择是：白天夜晚都是美丽的女人。

在这个世界上，每个人都是主体，总喜欢到处彰显自己的主体性。这种主体性彰显得恰到好处，就是自信；如果过度了，就会表现为某种自我中心主义倾向。当这种自我中心主义倾向仅仅局限于个人事务的时候，顶多算是一种过度的自我欣赏、自我陶醉，属于人畜无害的那种；但是在实践中，它却并不局限于个人事务，而是一定会跨出自己事务的领域，试图对别人的生活、工作等诸种事务发挥独断性的影响力，比如总是以自己的喜好去安排别人的生活，以自己的判断代替别人的判断，如此等等。而需要提醒读者的是，这种独断和强势会破坏人际关系，对商务合作产生不利影响。

在谈判中，“不要代替别人做选择”，意味着在强调自己的主体性的同时，必须承认并尊重谈判对方的主体性。质言之，不要用自己的主体性替代对方的主体性；不要越俎代庖，用自己的判断代替别人的判断；更不要以自己的判断否定对方的判断。讲到这个问题，有必要讲一个我朋友的故事。

有一次，在三亚国际免税城闲逛，一个朋友建议我购买一块帝舵的手表。这块表是帝舵的经典款式，市价36000元，免税城在免税的基础上还打八折，外加赠送三倍积分，实际上只要付18000元就可以拿到它。这个价格绝对可以说是极其优惠，基本接近半价。

我平时戴的那款天梭力洛克机械腕表是白盘，已经戴了将近10年。这款帝舵是金色盘面，想想偶尔换个样式戴戴也挺不错的，于是就动心了。斟酌再三，经过搜索网上关于这款手表的各种信息，对比其他品牌的几种同等价位的腕表，并郑重征求了我妻子的意见之后，我决定买下它，作为自己的新年礼物。不得不说，付款之后，心里还美滋滋的，觉得自己作出了最正确英明的决策。

回到酒店之后，跟同行的小伙伴交流，分享了品牌、价位、功能、外观等细节，大家都觉得我的选择很棒。

这时，我这个故事的主人公出现了。

说实话，她是个蛮可爱的女孩子，想问题比较简单，表达也比较直率。当然，如果人的优点只是停留在抽象的形容词阶段，那就太完美了。可是，当这些形容词贯彻到了现实生活中，却可能是人际关系的灾难。

“你为什么要买这个牌子呢？”她用她的嗓音表达着不可思议：“再加不到两万块，可以买一块卡地亚的蓝气球了。卡地亚蓝气球系列基础款，北京卖4万多块，在这里免税后3万多就能买到。你买的那块表就好比是比亚迪的高配版，而卡地亚的蓝气球就好比是保时捷的经典低配版，是名表必买入门款。”

说实话，我以前对手表的认知基本上为零，对卡地亚的认知就停留在一个字：贵。所以，听完她的分析，我就只有一个印象：“卡地亚蓝气球很高端，我选的那块比较低端。”

她看我基本无感，接着说：“你明天去柜台把那块表退掉，再加点钱，买一块卡地亚蓝气球。这种经典名表是可以保值增值的。”

到了这时，我终于听明白了，她的意思是我买错了，我做了错误的选择。但是，明白了这一点，并没有让我有一种发现真理的快乐，反而让我有一点点不开心，甚至可以说还产生了些许逆反心理，尽管我对卡地亚蓝气球是个什么玩意儿没有丝毫概念。

要知道，帝舵的那块手表是我精心挑选的，有我朋友的大力推荐，有我对手表各种信息的收集分析，有与其他同等价位品牌腕表翻来覆去的比较，还有与我妻子的郑重交流。也就是说，我决定买那块表，是非常郑重的，是经过深思熟虑之后的一个决定，是严肃认真的一个判断。而这位坦率的朋友却告诉我：这是一个错误甚至有点愚蠢的判断，那块表一文不值。这就不仅是在否定那块表，简直是在否定我和给我提供推荐意见的那位朋友的智商和判断力了。我相信，她对这一点基本上没有认识，她沉浸在自己对所谓经典名表的高度专业性里，而完全忽略了真正买表、戴表的人是我，我的喜好、判断、经济能力才是最终的判断标准。质言之，她用她所谓专业性的判断代替了我的判断，以她的主体性直接否定了我的主体性。

在现实生活中，我们经常需要为朋友或客户的决策提供意见，在很多情况下，别人也会主动向我们征求意见。这时，请务必把握如下两条非常重要的心理准则：

其一，只提供参考建议，而不要代替对方作决定。一定要尊重并精心维护对方的判断能力，把最后的判断权留给对方，让对方自己作出选择、作出决定。

其二，原则上不要把你的判断和对方的判断、你的选择和对方的选择以非此即彼的方式对立起来。

就我刚才举的例子而言，一块好腕表和另一块好腕表之间并不一定得是非此即彼的排斥关系，而完全可能是可以兼容的，实在没有必要为了证明、强调其中一款的优异性而贬低、否定另外一款。你可以在承认一块表很适合某种场合的同时，强调另一块表在另一种场合中佩戴气质更佳。因此，在我看来，我这位朋友正确的表达方式或许可以是下面这样的：

“大白，你选的这款真不错，很有眼光，价格也超值，在同等价位的名牌腕表中绝对可以说是上上之选，很适合开会的时候穿着正装佩戴。其实，我今天逛的时候，也发现了一块表，觉得特别适合你：卡地亚的蓝气球。北京专柜卖 4 万多，这里不到 4 万就可以拿到手。你下次去免税城的时候一定要去看看，试戴一下，看喜欢不。我觉得气质跟你也特别搭，比较适合上课、参加派对、出去旅游的时候戴着，很有文艺范儿。相信我，你一定会喜欢的。”

这个说法好的地方在于把选择权留给了我，让我去选择，而不是她已经替我选择好了，我去贯彻执行落实就好。后者实质上是在把我工具化，变成执行她的意志的工具。无疑，这种被工具化会让我产生一种深深的挫败感。

人本质上不愿意自己的人生被安排。

所以，我们就能理解为什么很多年轻人不愿意去见父母安排的相亲对象，因为那个时候你分明会感觉自己成了父母实现抱孙子愿望的生育工具。由此，我可以负责任地判断：古代基于父母之命、媒妁之言的婚姻基本上是不幸福的，特别是对女性而言。

如果我将来要给我儿子安排相亲，我就绝对不会告诉他我想抱孙子；我想让他尽快找个女孩子结婚，也不会向他强调我喜欢什么样子的女生做儿媳妇，高学历的还是高颜值的。如果我觉得某个女孩子比较合适，那我能做的就是尽量创造条件让他们认识，让我儿子自己主动地爱上她，而不是为了迎合我或者为了完成我的心愿而去和那个女生相识、结婚、生子。后者不仅是对我儿子的不尊重，也是对我未来儿媳的不尊重。

第十二课

劝说的艺术（二）：让对方自己作决定

在谈判实践中，原则上不要代替对方作判断，也不好逼迫对方作出选择，而是要让对方自己判断、决定，你只负责一步一步地引导其得出结论，并在其作出决策之后帮助其落实即可。

法国作家拉封丹曾写过一则寓意深刻的寓言：《北风和南风》。

北风和南风比威力，看谁能把行人身上的大衣脱掉。

北风首先来一个冷风凛凛、寒冷刺骨，结果行人为了抵御北风的侵袭，便把大衣裹得紧紧的。

南风则徐徐吹动，顿时风和日丽，行人因为觉得很暖和，所以开始解开纽扣，继而脱掉大衣。

结果很明显，南风获得了胜利。

这则寓言后来成就了社会心理学的一个著名概念："南风效应"。"南风效应"给人们的启示是：在处理人与人之间关系时，温暖引导比冷酷逼迫施压更有效。北风和南风都想使行人脱掉大衣，目标相同，但采取的方法不同，结果也大相径庭：对于北风的冷酷施压，行人以敌意、抵抗来回应；对于南方的温暖引导，行人则以顺从、接受来作出反应。

在我看来，这个故事给我最大的启发就是：**优秀的谈判者应该像南风一样让对方主动地脱衣服，而不是像北风一般自己亲自动手。**

在小说《三国演义》第三回里，罗贯中讲了一个非常经典的游说故事：馈金珠李肃说吕布。

董卓废帝遭并州刺史丁原反对，董卓与丁原交战，因丁原的义子吕布勇猛，董卓军大败，退三十里扎下营寨，聚众商议对策。

董卓说："我看这吕布，真的不是常人。我要是能得到此人相助，何愁天下不得！"

虎贲中郎将李肃出班说道："主公勿忧。我与吕布是同乡，十分了解他。此人有勇无谋，而且见利忘义。我愿凭三寸不烂之舌，前去游说吕布拱手来降，可以吗？"

董卓大喜："你准备如何说服他？"

李肃曰："听说主公有名马一匹，号曰'赤兔'，日行千里，夜走八百。必须有这匹马，再加上金银珠宝，以利益笼络其心。然后，我再进一步用些说辞，吕布必会反叛丁原，来投主公。"

董卓于是征求李儒的意见："李肃的主意可行吗？"

李儒答道："主公欲破天下，何必吝惜一匹马！"

于是，董卓欣然把赤兔马交给李肃，还附带了黄金一千两、明珠数十颗、玉带一条。

谈判如同论兵，也讲究知己知彼，方能百战不殆。李肃和吕布都是并州人，亦是旧日相识。李肃对吕布的评价"勇而无谋，见利忘义"，这八个字可谓一针见血、评论精当，可以说对吕布知之颇深。"勇"是吕布的优点，但"无谋"则容易目光短浅，重视眼前尺寸之利，缺乏长远思谋。如此则"见利忘义"是其必然的逻辑结果，也就是为了眼前利益很容易放弃长远的道义。既然吕布好利，关注点在物质利益，那么只要用金银珠宝就能"笼络其心"。

话说李肃拿着礼物，前往吕布营寨，被埋伏在路上的军人围住。

李肃说："速去通报吕将军，有故人来见。"

军人进去通报，吕布下令将李肃带入相见。

李肃见到吕布后，说："贤弟别来无恙！"

吕布作揖："许久不见，如今住在何处？"

李肃答："现任虎贲中郎将一职。听闻贤弟匡扶社稷，喜不自禁。现有良马一匹，日行千里，渡水登山，如履平地，名为'赤兔'。特地前来献与贤弟，以助虎威。"

吕布便令牵过来看。果然那马浑身上下，赤如火炭，没有半根杂毛；从头至尾，长一丈；从蹄至项，高八尺；嘶喊咆哮，有腾空入海之状。

吕布见了此马，大喜，感谢李肃："恩兄送我如此龙驹，不知该如何报答？"

李肃说："我为义气而来，不求回报！"

于是，吕布安排酒宴招待李肃。

以上是李肃与吕布初见面时的情景。让门军通报时，李肃强调自己是"故人"来见。"故人"是见面的因由。见到吕布，称为"贤弟"，热情地打招呼，问候吕布"贤弟别来无恙"。李肃"道弟"，吕布却不"称兄"，只是来了一句客套话："许久不见"是实话，"如今住在何处"说明不了解李肃的情况。吕布的言辞说明二人交情并不深，大概算是泛泛之交。

李肃回答道："现任虎贲中郎将一职。"只讲官职，不提董卓，避免吕布生出疑心。一笔带过官职之后，马上就开始转换话题，疯狂拍马屁、送礼物。先给吕布戴了顶高帽子"匡扶社稷"，表达了自己"喜不自禁"的仰慕之情，接着水到渠成地拍马屁——吹捧了一番赤兔马，勾起吕布的兴趣，然后说明自己的来意："特地前来献与贤弟，以助虎威。"因为吕布要"匡扶社稷"，所以我"喜不自禁"；因为我"喜不自禁"，所以特地赶来献马"以助虎威"。可以说，李肃的逻辑非常清楚，送礼送得天经地义、毫不突兀。

吕布是马背上征战的将军，自然喜欢战马，因此以赤兔马这种上等好马作为礼物，投其所好，如此诱惑力，绝对让吕布无法抵挡。吕布看了赤兔马，果然大喜，对李肃也开始热情起来，主动称李肃为"大哥"（兄）。

不得不承认，李肃这个见面礼，选得恰到好处，送到了吕布的心坎里。

吕布收了赤兔马这份大礼，却开始担忧"何以为报"。说明吕布不糊涂，简洁明快，想把账迅速结算清楚，这样自己心里也就平衡了。

但是李肃是个老江湖，嘴上的功夫比吕布厉害多了，说得很高端，可谓豪气干云：“我为义气而来，谈什么回报，谈回报不是伤感情吗？”这话实际上是为了打消吕布的顾虑和戒备，减轻吕布收礼的心理负担。

收了重礼也没给报酬，吕布自然没办法马上下令送客，只能摆酒设宴招待李肃。

酒酣之际，李肃主动把话题引到丁原身上：“我与贤弟见面机会不多，但和令尊大人却能够经常相聚。”

吕布很奇怪：“兄长喝醉了吧！先父去世已经很多年了，如何能和兄长相聚？”

李肃大笑：“不是啊！我说的是现在的丁刺史。”

吕布比较尴尬，解释说：“我在丁建阳这里，也是出于无奈。”

李肃首先提到“令尊”予以试探，此爹非彼爹，让吕布尴尬的同时引出其“出于无奈”的话。吕布的这句回应信息量很大：首先是直呼其名，而不是尊称义父；其次是吐露心声，强调认丁原为义父，也是没办法。

聪明的李肃怎么会放过这么好的机会，几乎可以说是明知故问：“贤弟有擎天驾海之才，四海之内谁不钦佩敬服？功名富贵，对你来说如同探囊取物。怎么反倒说是出于无奈而身居他人之下呢？”

吕布感慨道：“只恨遇不到明主啊。”

吕布很直接，说自己遇不到明主，有两重意思：

其一，丁原不算明主；

其二，我心里想再找更好的机会（明主）。这就是在明确告知李肃：我所谓的无奈，不是指被丁原逼迫而认其为父，而是我实在是暂时没有其他更好的机会，只能在这里凑合着混日子。

李肃笑着说："良禽择木而栖，贤臣择主而事。见机不早，后悔就晚了。"

李肃这句话说得很妙。

吕布说：很遗憾自己没遇到明主。

李肃回话：大哥，那你可得尽快啊！这里甩出一句套话："良禽择木而栖，贤臣择主而事。"

那时代的人，劝人投降基本上都会用到这句话。为什么大家都用？绝对不是由于词汇量稀缺，而是它太好用了。它的重大价值在于：以真理性的方式告诉你，一只好鸟，就应该攀个高枝，这样做大义凛然、理直气壮，在道德上没啥可指责的，别在心里有负罪感。

这句话一下子把吕布心里那仅有的一点道德疑虑完全消除了。接下来当然就是去哪里找到高枝的问题。

吕布问："兄长身在朝廷，见的人多，就你观察，谁可以称得上是当世英雄？"

李肃说："我遍观群臣，都不如董卓。董卓为人敬贤礼士，且赏罚分明，将来必成大业。"

吕布道："我想追随他，只可惜没有门路。"

吕布让李肃品评一番，谁算得上是当世英雄。

李肃出具了个人的客观评估意见：董卓。他对董卓的评价是应吕布的要求说的，而且要注意，只是个人评价，完全没有提让吕布投降董卓。

从见面到现在，李肃嘴里没有讲过一个"降"字。"投降董卓"是吕布自己得出的结论：我想追随他，只可惜没有门路。说白了就是求引荐。

这时，李肃才揭开了谜底。

李肃取出金珠、玉带，摆在吕布面前。

吕布惊道："为何有这般重礼？"

肃令叱退左右，告布曰："此是董公久慕大名，特令某将此奉献。赤兔马亦董公所赠也。"

又是一堆财宝，贪财的吕布自然动心，但也要问：为什么送给我？

看看人家李肃的水平，讲了半天，才告诉吕布：礼物是人家董卓送的。

然后呢？

没有然后了！

为什么送礼给我啊？

不知道！

李肃根本不提，让吕布自己猜。

吕布急了，追问："董公如此见爱，我如何报答？"

李肃答："像我这么没本事的人，还被封为虎贲中郎将；你要是过去，就更不用说了，一定是贵不可言。"

吕布该怎么报答董卓的重礼呢？李肃还是没说，只是一味地强调：你看我这种水平，待遇都这般高；你来了，前途绝对是一片光明。

吕布说："可惜没有尺寸功劳可以作为进见之礼。"

李肃答："立点功劳对你来说易如反掌，只是你不肯干罢了。"

吕布沉吟良久，说："我准备杀死丁原，引军归董卓，怎么样？"

李肃答："贤弟若能如此，真的是莫大的功劳也！但是事不宜迟，必须速决。"

于是，吕布与李肃约定于明日来降，肃告别离去。

杀死丁原这个决定是吕布作出的，李肃只是顺水推舟地赞美、鼓励了一番。

于是，李肃就顺利完成了董卓交付的任务。

回顾整个谈判过程，借着同乡之谊、宝马之礼，李肃混到了吕布的一顿饭。酒席宴上，李肃没有主动暴露自己的真实意图，而是逐步引导，让吕布自己得出投降的结论。作为一名说客，李肃没有给吕布任何"投降"的建议，所有的判断、决定都是吕布自己作出的，而李肃只是为吕布巩固自己的判断、落实自己的决定提供帮助而已。

对于《三国演义》的这个情节，金圣叹评价说："李肃说吕布一段文字，花团锦簇。凡劝人背叛、劝人弑逆，是最难启齿之事；今偏不说出，偏要教他自说，妙不可言。"不得不说，金圣叹目光独到、一针见血，抓住了李肃游说策略的关键处。

总之，在谈判实践中，原则上不要代替对方作判断，也不好逼迫对方作出选择，而是要让对方自己判断、决定，你只负责一步一步地引导其得出结论，并在其作出决策之后帮助其落实即可。

这样做的好处有很多。一方面，如果你直接为对方作出了选择，而此种选择恰恰与对方的意愿相违背，那么你的越俎代庖会成为证明你不了解对方的有力证据，破坏你们之间的关系不说，甚至有可能给自己带来丢掉性命的风险。另一方面，如果决策是对方自己作出的，那么即便将来对方发现自己决策错误进而心生悔意，也怪不到你的头上。

第十三课

“拉一个，打一个”

统一立场看上去简单，其实并不是那么容易做到的。只要在有许多不同的人共同出现的场合，基于价值观、个人偏好的不同，总会存在意见分歧。即便通过讨论、争吵，最终达成了表面上的意见一致，在执行过程中还是会出现意见龃龉、相互拆台的现象。因此，在谈判中，研究对方团队的内部合作状况，了解其立场统一的程度和意见分歧的状况，有助于在谈判桌上为采用分化瓦解的策略寻找突破口。

在相对复杂的谈判实践中，谈判对方可能并不仅仅只有一个人，而可能是一群人，他们组成一个谈判团队，内部有着相对明确的分工。

在这种情况下，谈判者就需要评估对方团队的合作状况。

所谓的“团队合作状况”，是指处于团队内部的各个谈判者之间能否统一立场，能否相互支持、友好协作，齐心协力地为共同一致的利益目标而努力。

在实践中，统一立场看上去简单，其实并不是那么容易做到的。只要在有许多不同的人共同出现的场合，基于价值观、个人偏好的不同，总会存在意见分歧。即便通过讨论、争吵，最终达成了表面上的意见一致，在执行过程中还是会出现意见龃龉、相互拆台的现象。因此，在谈判中，研究对方团队的内部合作状况，了解其立场统一的程度和意见分歧的状况，有助于在谈判桌上为采用分化瓦解的策略寻找突破口。

这里所谓的分化瓦解的策略，具体而言就是寻找谈判对方团队组成人员立场、利益、主张的差别点，进而向一种类型的谈判者示好（表现为拉拢、恭维、迁就等），孤立另一种类型的谈判者（表现为攻击、批评、指责）。

此种策略也可以表述为“拉一个，打一个”。

举一个发生在我身上的例子。

那时我还在杭州读书。有一天，我和我的女朋友一起骑自行车去逛街。我们一路骑行到当时最为繁华的路段延安路，想到马路对面去。但是那个地方并没有人行横道，只允许机动车通行。而按照规则，我们需要到右侧约800

米远的地方，那里有个过街天桥，然后从那里推行过去。当时的我还很年轻，规则意识没有现在这么强，所以晕头晕脑地决定从这里直接推过去，因为当时恰好没有任何机动车通行。于是，我们急匆匆地推着自行车往前走，当走了 3/4 的时候，只见前方跳出一名年轻的交通警察，朝我们大喊："这里不允许行人通行。"

我也大声回应："不好意思啊，没有找到过来的路。"然后继续前行，一直走到他的面前。

他非常气愤，指着我们说："知道不，你们违反交通规则了。请你们按照原路退回去。"

"非常抱歉。"我很平和地向他道歉："但是现在路上这么多车，我们按您的要求原路返回去会很危险。而且既然按您的说法这里不允许行人通行，那我们返回去不是明知故犯，再次违法吗？"

但是这位仁兄仍然非常强硬，固执地要求我们从原路返回。

这下把我激怒了，我对我女友说："别理他，我们走我们的。看他能把我们怎么样。"

于是，一左一右，我们推着自行车要离开。可是，这位仁兄出人意料地一下子跳到我女友车前，对她说："把你身份证拿出来。"

我更火了，我对他说："你这个行为有两个问题：第一，我们两个人都违反规则，你为什么不要求查看我的身份证，只去要求她，这明显侵害了我们的平等权；其二，你是公职人员，你在执法时应当首先敬礼，然后出示你的工作证件，这些你都没有做，反而要求我们出示身份证，这违反了基本的行政执法规则。你明白吗？现在，我也不说别的，只是请你把你的工作证件拿出来给我看。"

他愣了一下，可能以前从来没有见过我这号人，然后说："我会给你看的，现在请你们把身份证都拿出来。"

于是，在究竟谁应当首先把身份证件拿出来的问题上，我们发生了剧烈争吵。周围聚集了越来越多的人，大家都兴高采烈地看我们在干什么。

这位年轻的警察越发尴尬了，对我说：“你等着，马上让你看。”然后，冲着对讲机招呼了半天，好像是在召唤他们的中队长。

不一会儿，一个中年的警察赶到现场，走到我们身旁，敬了个礼，然后亮出了工作证件。我接过来看了看，还给他，然后就乘势运用了分化瓦解的谈判策略，对那位青年警官说：“看到了吗？你看看人家，这才叫专业素养！才是懂法律规则！你还要慢慢学习啊。”

接下来事情的发展相信大家都可以猜得到，那位中年警官对我的赞美非常受用。我把情况介绍了一番，然后说：“我们承认自己违反了交通规则，但是你们这位同志的执法方式和执法程序都存在严重问题，特别是他在执法过程中竟然不携带工作证件。”

“不好意思！他是警院来我们这里实习的，刚来，还没有来得及办临时警务证件。请您原谅。但他的身份我可以证明。”中年警官非常客气地对我回应说：“这样，根据《中华人民共和国道路交通安全法》的规定，行人、乘车人、非机动车驾驶人违反道路交通安全法律、法规关于道路通行规定的，处警告或者五元以上五十元以下罚款。但依我之见呢，鉴于今天的特殊情况，我们的工作人员做事也的确有欠妥的地方，而且您这个事儿情节轻微，也没有影响道路通行，我就口头警告吧，只是为了您两位的安全，以后务必小心！您看呢？”

“还是您想得周到，处置合情合理。我们完全同意。”我附和着，补充说：“其实钱不是问题！主要是态度。”

然后，我们友好地握手告别。

这是一个非常普通的案例，类似的情景也可能发生在你的日常生活中。其中，对于纠纷的最终解决发挥最大作用的就是分化瓦解的谈判策略，用通俗的话来讲，就是“拉一个，打一个”。

“拉一个，打一个”的技术之所以非常必要，是因为对方作为一个团队和你谈判，他们的团结一致，会给你带来巨大的心理压力，这一点在你单枪匹马的时候会表现得更加严重。因此，在一对多的谈判中，必须掌握如下两点基本准则：

其一，应当极力避免身处一对多的谈判局面，即在谈判之前就应避免你所有的谈判对方都站在同一立场上，甚至组成团队、结成统一战线共同针对你。

其二，如果第一点不可避免，对方已然组成了一个团队、结成了联盟共同针对你，那你要做的就应当是：努力分化瓦解对方的联盟，识别其团队成员利益关注点的差别，进而拉拢其中一些温和派的成员，和他们做朋友，然后伺机孤立那些强硬派，甚至有时不妨攻击他们，从而达到分裂对方联盟的目的。

对于我们所讨论的这一谈判技巧，日常生活中，很多人都在不自觉地运用。

比如，你在某个公司上班，在那么多同事里，你必须要有几个真心朋友，而不能与所有人为敌，否则你在这个单位很难待下去。如果你发现其他所有人都不理你、都敌视你，这时候你就要想办法在人际关系上取得突破，找到对方联盟的薄弱环节作为突破口，和其中的一些人特别是几个关键人物成为朋友。

同样道理，在家庭生活中，如果你是一个大龄未婚女青年或者男青年，和父母共同居住，你就需要特别小心、密切关注：警惕你的父母结成联盟，共同逼着你去相亲、结婚。一旦你发现他们有这种倾向，你就需要火速地采取应对措施：和他们其中一位进行沟通，争取获得他（她）的理解支持。如果做不到这一点，那你就只能搬出去住了，否则，家人异口同声、众口铄金，你会压力巨大、无处藏身的。

第十四课

重视对方的名字

如果说记住对方的名字，体现了对人家重视的话，那么写错或者叫错别人的名字，简直就是无情暴击了。作为法律学者，我经常参加各种学术会议，在一大堆参会名单里，我最重视自己的名字放在哪里，其次关心我在意的那几位朋友的名字。如果我发现某位参会嘉宾的名字写错了，我会淡淡一笑；但是如果发现我自己的名字被写错了，我就会非常不爽，觉得会议组织方没有重视我。

2021 年初，综艺节目《乘风破浪的姐姐 2》开播。

一众女星初见面时，李菲儿、张馨予和那英热情打招呼。

那英犹豫了一会，发问："你俩谁啊？"

李菲儿和张馨予一度十分尴尬。

可能在很多人看来，那英的这种表达方式很直率：认识就是认识，不认识就是不认识。这是那英一贯的做派。

也有人认为：那英作为娱乐圈的"大姐大"，不认识后辈很正常，而且她也没必要认识她们；李菲儿、张馨予作为后辈不必把这件事放在心上。

如果说在日常生活私下偶遇的情境中，那英的表达方式尚可被理解的话，那么在公开录制节目的场合，那英的表达方式是不妥当的，可以说有些不合礼数。

她的这种说法会产生四个不利后果：

其一，当众伤害了李菲儿、张馨予，让她们感觉丢了面子；

其二，是对《乘风破浪的姐姐 2》节目组的无情打击，你们邀请的人不行，我基本不认识；

其三，会对其他人产生"寒蝉效应"，也就是无意中警告其他人，不要和我打招呼，我很酷的，我会让你们下不来台；

其四，影响她在全国的电视观众心目中的形象，让大家觉得她很高傲、耍大牌，有点不近人情。

对每个人来说，包括影视红星在内，名字是与人格关联的。也正因如此，法律上将姓名权作为人格权的一部分加以保护。重视、尊重、强调一个人的名字，就是尊重、重视对方的人格；相应地，轻视、忽视乃至无视一个人的名字，其实就是蔑视其人格。

总之，每一个人都重视自己的名字。

在西方国家，政治家基于民主选举的需要，一个非常重要的素质就是有能力记住自己见过的选民的名字。在多少年之后，你们再次相逢，当你能够一下子叫出对方名字的时候，对方自然会被震惊到，并且感到自己被你重视了，非常可能成为你的铁杆粉丝，并将在以后的选举中义无反顾地投票给你。

如果你记忆力弱，记不住那么多名字，也无法把名字和具体的人对应起来，而你却还想做一名政治家，你大概只有一个选择：雇一个在这方面记忆力很好的人，在社交场合形影不离地跟着你，随时告诉你对面走过来的这个人是谁，朝你微笑打招呼的人又是谁，他（她）们分别是做什么工作的，你们上次是在什么地方见面的，等等。

如果说记住对方的名字，体现了对人家重视的话，那么写错或者叫错别人的名字，简直就是无情暴击了。作为法律学者，我经常参加各种学术会议，在一大堆参会名单里，我最重视自己的名字放在哪里，其次关心我在意的那几位朋友的名字。如果我发现某位参会嘉宾的名字写错了，我会淡淡一笑；但是如果发现我自己的名字被写错了，我就会非常不爽，觉得会议组织方没有重视我。

这种心态非常典型地说明一种现象：发生在别人身上是故事，发生在自己身上就是事故。所以，温馨提示所有正在或者即将组织会议的朋友：别写错别人的名字。同样道理，在其他正式或者非正式的社交场合，千万别叫错别人的名字。想象一下，作为一名律师，你在法庭上叫错了法官的名字，该是多么的唐突、多么严重的冒犯呢！

当然，如果对方名字用了生僻字，你不确定怎么读才是正确的，一个很好的方案就是直接去请教对方：“哈哈，请教一下，您的名字究竟怎么读才对？因为怕叫错，我专门去查了字典，发现是个多音字，所以研究了半天还是没搞懂，于是只能请教本尊啦！”这种表述不仅不冒昧，反而会让对方认识到你很重视他，在研究他的名字上很认真且花了许多时间。

那么，在前述那英所遭遇的场合中，如果那英确实不认识李菲儿和张馨予，那又该如何避免类似的无礼和尴尬呢？

第一个方法是提前做好准备工作，这是对自己的工作最为认真负责的态度。向节目组索要参加节目的嘉宾名单，一个一个地核对姓名、照片、爱好、代表作品、人生经历乃至婚姻状况，特别是要知道对方有什么不堪回首的往事，切忌在节目中公开提及。

如果节目组为了保持神秘感、现场感，拒绝提供名单，一切要求嘉宾在现场相互认识、临场发挥，那么这种情况下就能用到第二个方法了。也就是在到了现场之后，找一个跟自己熟悉且认识人多的朋友，和她站在一起，当出现了陌生面孔时，迅速请教她：“对面朝我走过来的这个人怎么称呼？和她说话应该注意什么？”

当然，如果到了现场之后发现没有这样的一个朋友可以提供帮助，那么也可以运用第三个方法：反客为主的技巧。

在对方跟你打招呼时，可以主动告诉对方你的名字，以换取对方主动告诉你她的名字：“你好，我是那英！很高兴在这里见到你！”

如果李菲儿和张馨予是聪明人，她们就明白那英叫不出她们的名字，这时应当主动自报家门。如果她们俩有人不聪明，反而以自己的面子做赌注去考那英：“那姐，你知道我是谁吗？你还能叫得出我的名字吗？”

这时候，那英也千万不能说：真的叫不出来啊！你俩叫啥名字，我真不知道。

而是应该避实就虚、宽泛模糊地回应：“两位妹妹，关键时刻，千万不要考验姐的智商。会让你们失望的。”或者“哎呀，怎么可能不知道，居然问我这种问题，节目录完了罚酒三杯！”

第十五课

引入第三人

共同敌人的存在，会让谈判各方暂时性地忽略或者放下存在于彼此之间的争议歧见、利益盘算，团结一致，众志成城，共克时艰，应对危局。如果没有了共同的敌人，我们自己就会相互为敌。我经常跟我的学生说：地球上各个国家、各个民族、各种文化之间的团结统一，只有一种情况下有可能实现，那就是外星人入侵；否则，敌视和冲突可能就是人类的宿命。

在谈判中，有两种不良的倾向：一种是回避困难，对于面对面的谈判沟通充满恐惧、羞涩，一说话就脸红，这属于典型的懦弱型谈判人格；另一种是亲力亲为，任何谈判活动，不论大小，都喜欢事必躬亲、身先士卒地冲在第一线，这属于冒进型谈判人格。

如果我们把上述这两种不良的倾向视为谈判的两种疾病，那么幸运的是，有一个神奇的药方，对治疗这两种疾病都有奇效。

这个药方就是：引入第三人。

就第一种谈判疾病而言，必须承认，有的人天生便羞涩、胆怯，这种性格短期内很难改变，因此让他（她）直接去面对面地和对方沟通谈判，特别是那种唇枪舌剑式谈判类型，对他（她）而言，绝对属于一种痛苦的折磨。

如果你患了这种疾病，那么不妨试试引入第三人，让第三人去做你不适合做的工作，你自己则待在幕后做一些出谋划策、方向指引、战略指导之类的不需要抛头露面的工作。正如研习军事科学并非试图让每个人都成为身先士卒、冲锋陷阵的先锋官一样，学习谈判学也并不意味着把每个人都培养成唇枪舌剑、巧舌如簧的辩论家、口才大师。如果我们把整个谈判工作理解为一个系统，那么每个人都可以根据自己的天赋、能力、爱好在这个系统中找到适合自己的位置。

质言之，每个人都可以以自己的方式取胜，而不必强撑着去做自己不适合的工作，去扮演自己不适合的角色。

对于第二种疾病的患者，则有必要提醒他（她）：许多事情未必你亲自去做才能做得成功，有些情况下亲力亲为未必就好。

其一，你亲自参与会导致你被别人看低，影响别人对你的“崇高判断”。

在你没有亲自出手之前，别人还对你的水平抱有相当的幻想空间，一旦他们亲眼看到你的具体实践，他们便会看低你，因为任何实践，只要是现实的具体的实践，总会存在漏洞和瑕疵。在这种情况下，不妨引入第三人，让你的徒弟和下属出面去做，反正抱定一点信念：你不要轻易地“御驾亲征”。让第三人出面，你只需要在最后阶段露个面，做个总结即可。“御驾亲征”恰好向对方显露出你对这件事情的重视、对对方的重视，人家不狠狠地杀你的价才怪呢。

其二，引入第三人还可以改变人际关系中的距离感。

如果在谈判中，你希望拉近和谈判对方的心理距离，你应当引入一个和对方很亲近的人作为第三人；如果你希望拉开和谈判对方的心理距离，你应当引入一个和对方相对陌生的人作为第三人。

比如，你要和一个关系非常近的人（丈夫、妻子或者密友）去商讨一件必须不顾及关系、锱铢必较地讨价还价的事项。此种情况下，要么你一让再让，以改善长期关系的名义放弃眼下应得的利益；要么你为了眼下的利益，损害长远的合作关系。在此种情况下，你最好不要直接出面，乖乖地待在幕后，引入一个与对方相对陌生的第三人去处理。

举个例子，如果你是一位女性，你准备和你的丈夫进行离婚谈判，由于你的丈夫对你的性格、谈判的风格、喜欢什么、恐惧什么、擅长什么、缺点在哪里等非常熟悉，这时你亲自去谈判就非常不利。最好的策略就是引入第三人，让他（她）代你去谈。现实社会里，往往是由女方的父母、兄长等尊长亲属代为出面谈判的。但是在我看来，女方的父母、兄长等尊长亲属仍然是熟人，陌生程度还是比较低，实际上可以引入陌生程度更高的律师等作为第三人，这会使日常生活中夫妻之间的那种熟人之间的威胁、恐吓、撒泼之类的谈判技术无所施展。如果你能够很好地理解这一点，那么你就会发现，诉讼在某种意义上就是一种引入第三人的谈判活动。

或者，你准备去向一个陌生人推销商品。如果你想让对方来做你希望他做的事——购买你的产品或服务，那么最好的办法其实不是你去找他热情地推销，而是应当找到对方信赖的一位朋友帮忙，让朋友向他推荐。同样的商品、同样的表述，对消费者而言，朋友的推荐比销售员的推销听上去可信赖程度高得多。当然，你也可能不必真的请一位朋友帮忙，你完全可以自己换一个面孔，先成为对方的朋友，然后再找机会去"推荐"商品。

其三，让第三人去拒绝，或者让第三人去承受拒绝。

我们可以让第三人帮助我们去表达一些自己难以启齿的要求，自己不好意思说出口的拒绝，或者帮我们承受对方的责难，甚至是竞争性谈判的压力。总之，第三人可以帮助我们承担绝大多数"恶名"，从而换取我们自身的一丝轻松。

对于关系谈判学而言，第三方在谈判中对于维护和弥合谈判双方的关系会产生非常重要的作用，无论是在资源分配型谈判中，还是在纠纷解决型谈判中都是如此。第三人的存在可以避免双方直接的对抗，由第三人发挥缓冲空间、转圜余地的功能，从而最大限度地维护冲突双方的社会伦理关系。

想一想在传统中国社会婚姻缔结过程中媒人的作用：如果没有媒人，男方父母亲自去女方家里提亲，被对方断然拒绝，那会是多么丢面子的事情。

我们可以举一个宋仁宗的例子。

大家都知道做皇帝不容易，表面上看，"人主居崇高之位，持威福之柄"[①]，生杀予夺，皆从心出，金口玉言，圣心独裁；但实际上，权力越大就越麻烦。许多亲戚朋友都会试图通过你走捷径、得利益，作为皇帝，自然不胜其烦。宋仁宗赵祯也面临着这样的苦恼。

---

① 程颐：《论经筵第三札子》。

皇亲国戚和身边服务的人很多都来求取好处，有的要求升迁，有的要求物质奖赏，而仁宗皇帝性格温和、宽以待人，不好意思一口回绝，只能答应，然后下一道“手诏”（内降）给政府机关（中书省、枢密院），请宰相们破格关照。但是仁宗厉害的地方在于，他在明面上下诏搞特殊，但在私下里却告诉宰相们：我发的“内降”，你们不要直接执行，考虑考虑，研究研究，如果不合适给我退回来就行。

周辉在《清波别志》中记载了一个故事，说的是在仁宗统治时期，一些妃嫔、宫女老是得不到升迁就很着急，屡屡借着机会托皇帝帮忙。仁宗也很有意思，回答说：“我这边没问题，但是由于这个事儿没有制度依据，政府可能不会执行。”

人家当然不相信：“陛下您出口就是敕命，您发出的诏令，谁敢违抗？”

仁宗笑着说：“你不信，我就试着给你发一道敕令。”（汝不信，试降敕）

然后，结果就不用说了，政府果然上奏没有制度依据没办法办理升迁手续，于是这条诏命就无果而终了，妃嫔宫女们也就无话可说了。

在这个故事里，宋仁宗非常娴熟地运用了“引入第三人”的技巧，然后水到渠成地做到了“自己做好人，让第三人去拒绝”，可以说是私爱和公义兼顾。试想一下，如果面对身边人的升迁请求，仁宗皇帝严词拒绝，然后大义凛然地立基于法律面前人人平等原则对她们严肃地进行了批评教育，那么效果会如何，还能维持皇帝本人和妃嫔宫女之间温情脉脉的信任关系吗？

我觉得大概会很困难！

其四，第三人在外观上更加中立，也会让纠纷解决过程更加理性化。

在很多情况下，谈判双方之间由于存在观点分歧、利益冲突甚至武装冲突，所以在各执己见、激烈争执、面红耳赤之后，可能很难再心平气和地相信对方的公正性、客观性。当此之时，引入一个第三方就是极其必要的。在外观上，相较于处于直接冲突之中的双方，第三方无疑显得更加中立。所以，在此情境下的第三人，有时也被称为“中间人”。最典型的例子是战争谈判，你会发现让战争双方心平气和地走向谈判桌的，一定是相对而言与冲突利益没有直接利害关系的第三人。

在各种谈判当中，一旦各方产生了偏见或敌意，不再相互信任，无法有效沟通，那么为了防止谈判破裂，往往就需要引入一个双方都认可的中立的第三人居中斡旋调停。第三方的分析、判断，由于其与争议事项的距离性，自然会被认为是更加公正、客观的，也就更容易为争议各方所理解、接受。

明白了这一点之后，一旦你身处冲突情境，希望和对方握手言和，不妨积极主动地运用引入第三人的技巧。你可以通过影响中间人，把自己的意志转化为中间人的意志，由此来达到谈判的目的。

在关系谈判中，第三人还承担着对冲突各方的期待利益加以理性化的功能，从而避免了冲突的绝对化、情绪化等非理性倾向。当然，后一功能的有效发挥本质上需要第三人本人具有相应的社会地位和权威身份。在双方冲突比较激烈的情境下，引入第三人还有助于避免冲突被进一步激化、使沟通回归理性。

最后，有必要提醒读者诸君注意的是，在实践中，**引入第三人还存在两种特殊的类型：引入虚拟第三人和引入共同的敌人。**

1. 引入虚拟第三人

如前所述，在谈判中，有没有第三人会有很大的不同。因此，在谈判实践中，我们经常性地运用“引入第三人”的技巧。但是，根据第三人存在的状况，第三人实际上有“真实第三人”和“虚拟第三人”之分。质言之，“引入第三人”并不需要第三人真的存在，他只要存在于对方的意识之中即可。

比如，在谈判中，即便事实上是你自己全权判断决定，你也**不要宣称自己有最终决定权**，而是强调决定权在你老板、妻子、父亲或者随便什么人手里。这时，你的老板、妻子、父亲等人就是你所引入的第三人。这样做的好处是提醒对方：你所给出的条件不仅要让我满意，还要说服我的上司。在引入了这个虚拟第三人之后，当你准备对你和对方在前一阶段谈好的条件反悔的时候，不论是撤回报价还是得寸进尺，就可以让这个虚拟第三人来出马，从而避免你自己失信于人的尴尬。

2. 引入共同的敌人

引入第三人比较特别的一种处理方式是引入共同的敌人。在很多时候，促成你们达成谈判协议、积极合作的，不是你们共同的朋友，而是你们共同的敌人。

在谈判中，敌人比朋友的价值更大。

共同敌人的存在，会让谈判各方暂时性地忽略或者放下存在于彼此之间的争议歧见、利益盘算，团结一致，众志成城，共克时艰，应对危局。如果没有了共同的敌人，我们自己就会相互为敌。我经常跟我的学生说：地球上各个国家、各个民族、各种文化之间的团结统一，只有一种情况下有可能实现，那就是外星人入侵；否则，敌视和冲突可能就是人类的宿命。只有一个强大的“敌人”，才能把四分五裂、一盘散沙的人类各民族联合在一起，实现世代为敌的民族、国家之间的和解、共存、交流、团结、融合，最终谱成一曲全人类的——借用美国当代作家乔治·R.R. 马丁的那套著名小说的书名——“冰与火之歌”。

《战国策》开篇就记录了一个故事，即战国时期东周大臣颜率的故事。

秦国兴师逼近东周，想索要九鼎。九鼎在当时是国家政权的象征。东周的国君很焦虑，就和大臣颜率商量。颜率主动申请去齐国借兵求援，以为君王分忧。

到了齐国后，颜率对齐王说：“秦王暴虐无道，兵临城下逼迫我国交出九鼎。我东周君臣商量了半天，大家一致认为：与其把九鼎送给暴秦，还不如交与贵国。贵国在东周危亡之际出手相救，必定会赢得美名，天下诸侯会交口称赞；而且还能顺带得到九鼎，这是实实在在的丰厚利益。请大王认真考虑，抓住机会。”

齐王一听很开心，立刻发兵五万，派陈臣思统领前往救援东周。秦军得知齐国出兵的消息后，选择了退兵。

但是，秦国退兵后，东周国君还没松口气，就开始忧虑齐国要求履行约定、交付九鼎的事儿。颜率自告奋勇：“大王您不必担心，这事儿还得我去跑一趟。”

颜率再一次来到齐国，对齐王说：“我们周国仰赖贵国的义举，得以君臣父子平安无事，因此心甘情愿敬献九鼎给您，只是不知道贵国准备通过哪条路把九鼎从东周运到齐国呢？”

齐王想了想，说：“寡人准备借道魏国运过来。”

颜率道：“这个不行。据臣所知，魏国君臣早就想得到九鼎，已经策划谋算很久了。九鼎一旦进入魏国，就像羊入虎口，不可能再吐出来了。”

齐王说：“那就借道楚国吧。”

颜率再次表示反对：“这条路也行不通。因为楚国君臣也是一直垂涎九鼎，谋划很长时间了。九鼎进入楚国，也绝对不会再运出来。”

齐王急了：“说了半天，既不能走魏国，也不能走楚国，那寡人究竟该从哪条路把九鼎运回齐国呢？”

颜率答道：“我东周君臣也私下在为大王这件事发愁。九鼎这东西，和醋瓶子、酱罐子不同，怀里揣着、手里提着就能拿到齐国；也不可能像鸟一般长着翅膀，转眼之间就飞到齐国。当年，武王伐纣，夺得九鼎，为了拉运一鼎，就动用了九万人，九鼎就得八十一万人。除了人之外，需要准备的士兵、工匠、器械、工具、粮饷、物资，更是难以计数了。如今大王即便拥有了这么多人马，又该从哪条路把九鼎运出来呢？所以，这几天，臣一直在私下里为大王担忧呢。”

齐王听明白了：“贤卿你屡次来我齐国，说来说去就是不想把九鼎交给寡人了！”

颜率答道：“臣不敢欺瞒大国，您赶快定下来从哪条路走，我们东周君臣把九鼎准备好，随时等着您搬迁的命令。”

齐王想了想，觉得实在没有可操作性，只好作罢。

在与齐王的谈判中，颜率很直接地引入了两个“共同的敌人”——魏国和楚国，将本来是东周与齐国之间履行交付九鼎的约定的问题，巧妙地转换为魏国、楚国会夺取九鼎的问题。在这种转换过程中，齐国的敌人不再是东周君臣，而是魏国和楚国。由此，东周不再是背信弃义违背承诺的一方，而是无辜者，合约的无法履行是由于魏国和楚国的从中作梗，齐国不应怪到东周的头上。

第十六课

纠纷解决的制度化

除了拒绝别人，制度化还有规避风险的好处。当代社会是个风险社会，风险可以说是无处不在。为了规避风险，人们寻找着各种各样的途径，尝试着各种各样的思路。而制度由于其非个人性，因此成为个人规避潜在的职业责任风险的最佳武器。在关系谈判学中，我们把制度理解为责任的“避风港”，是最强大的免责事由。

小说《倚天屠龙记》中，成昆擒获金毛狮王谢逊，藏在少林寺，并假借少林寺之名广发英雄帖，邀请天下英雄端午之日来少林寺参加屠狮大会。于是，少林派、武当派、峨眉派、崆峒派、华山派、昆仑派、青海派、明教、丐帮、黑风寨、河间双煞，如此等等，天下武林，知名的和不知名的门派帮会、各路好汉，端午之日，齐聚少林。他们有的与谢逊有血海深仇，处心积虑地要斩杀谢逊，报仇雪恨；有的则觊觎屠龙宝刀，痴心妄想成为武林至尊，号令群雄；有的是相互之间存在私人恩怨，希望乘此机会，作一了断；还有的是纯粹为了看热闹而来，想借着这百年难得一遇的英雄大会见识一下前辈高手、青年才俊，增加些江湖的阅历、人生的谈资。

不算张无忌所率领的明教，参加英雄大会的各路人物粗略估计将近五千人。这么多人，都是练家子，谁对“宝刀屠龙、武林至尊”不感兴趣？哪一个不会出全力争夺？到时候，群雄相互攻伐、自相残杀，结果必然像周颠所说，“疯子给酒鬼杀了，酒鬼给和尚杀了，和尚给道士杀了，道士给姑娘杀了……杀了个尸横遍野，血流成河，呜呼哀哉，不亦乐乎！”

因此，报仇可以，抢刀也可以，但在大家动手之前，第一要有个比赛的规矩、竞争的规则。如果没有规矩，大家上去乱砍乱斗一气，乱哄哄你争我抢，自然不成体统。而五千人参加比赛，是只能一对一单挑，还是允许多对一的围攻或者多对多的打群架？如果是前者，只能一对一，那么这五千人轮流上，起码也得打上个三五个月。因此，比赛规则首先要控制规模，也就是要限制参加比赛的人数。

所以，崆峒派的二长老宗维侠提议：“依在下之见，每一门派，每一帮会教门，各推两位高手出来，分别较量武艺。最后哪一派武功最高，谢大侠与屠龙刀便都凭他处置。”

崆峒派唐文亮后来补充道：“各门各派各帮各会之中，如已有二人败阵，不得再派人上场，否则的话，咱们这里数千英雄，每个人都出手打上一架，只怕三个月也打不完。少林寺粮草再丰，可也得给大伙儿吃喝穷了，一百年元气难复。”

群雄轰然鼓掌，都对这个规则没有异议。

解决了参加比武的规模问题，第二就要控制比武的危害。

武林中人，江湖人物，比的就是武艺高低，吃的就是刀尖舔血的饭，刀枪拳脚不长眼睛，流血死伤在所难免。但是如果比赛完了有人死伤，旧怨未消，又添新仇，受害人事后无限制地寻仇，则就会落得个冤冤相报、无休无止的境地，江湖从此自然不得安宁。就竞技者个人而言，可能会失了体面、身败名裂；就其所在团队而言，则恐难免树敌引祸、门派覆灭。因此，就英雄大会的武艺比试而言，不论比武的后果是死是伤，起码过程应当是有序的，而且危害后果应当是相对可控的。

湖南衡阳府的欧阳牧之认识到了这一点，其一方面附议崆峒派宗维侠的意见：“在下深觉宗二侠此议甚是”，同时补充道：“咱们比武较量之时，虽说点到为止，但兵刃拳脚上不生眼睛，若有失手，那也是各安天命。同门同派的师友，可不许出来挑战报复，否则纠缠不清，势必斗个没有了局。”

群雄都道：“不错，正该如此。”

第三个要讨论的话题则涉及比武过程中的细节问题：以多胜少和暗器的使用问题。

少林寺一老僧说：“咱们今日是天下英雄之会，各门各派志在观摩切磋武学上的修为，还是照先前几位施主们所言，大家较量武功，艺高者胜。咱们讲究的是单打独斗，说到倚多为胜，武林中没听说有这个规矩。”

欧阳牧之道："倚多为胜，武林中确没这个规矩，然则霹雳雷火弹、毒火、毒水这些玩意儿，许不许用？"

那老僧微一沉吟，说道："下场比试的人要用暗器，那是可以的。有些朋友喜欢在暗器上加些毒药毒水，那也无法禁止。但若旁人偷袭，却是坏了大会的规矩，大伙儿须得群起而攻之。众位意下如何？"

群雄中一大半哄然叫好，就这两点达成了一致。

第四涉及比赛的公平性，聚焦于车轮战的问题。崆峒派的唐文亮率先意识到了这一点："在下另有一言，不论何人连胜两阵之后，便须下场休息，以便恢复内力元气。否则车轮战的干将起来，任你通天本事，也不能一口气从头胜到尾。"

众人哄笑声中，均说这条规矩有理。于是，大家就依照议定的上述规矩，开始上场比武，一决雌雄。

《倚天屠龙记》中的这段故事讲的虽然是武林竞技，但是在首先要议定规矩这一点上，却和谈判工作有着异曲同工之妙。我们也可以借由这一例子看出，制定规则首要的好处是避免沟通陷入无休止的不可控制的混乱，使得争端解决能够以理性、有序、可控制的方式进行。

实际上，在谈判中，我们通过谈判与人沟通，参与的主体越多，所分配的利益越是重大，所面对的矛盾越是激烈，要讨论的议题越是关键，要解决的争端越是重要，在正式谈判之前，就越要重视规矩的议定。特别是在谈判者彼此之间反复进行同一类型的谈判沟通之时，更是如此。

在踏入婚姻的大门之后，我发现我和我妻子之间的矛盾越来越多，随着敌意的增长，冲突也更为频繁地发生。似乎我们在所有的共同事务上，都很难达成一致。我很难跟她讲清楚道理；当然，她应该也是这么想的。可以说，在谈恋爱期间我们所积累的丰厚的感情资源随着意见的分歧、冲突的持续不断也是越磨越薄。这种紧张冲突的局面在我们有了孩子之后达到了巅峰，她越来越“不可理喻”了，而我在情急之下的过激措辞无疑也在深深地伤害着她。

有一天，在我们之间爆发了激烈的争吵之后，我意识到：我必须采取行动，改变这种不断恶化的局势，否则我们的感情和婚姻可能就完了。

于是，我就邀请她出去喝咖啡，顺便谈谈如何改善关系。在谈判实践中，“换个地方”是应对谈判僵局的一个非常重要的技巧。我之所以决定在外面的咖啡馆沟通，而不是在家里，原因很简单：家里太熟悉了，而且以往所有的冲突都发生在家里，难免触景生情；当谈判地点改到咖啡厅，那是个全新的环境，有助于我们摆脱过去的负担，以一种全新的心态轻松地面向未来。

在咖啡店里，我对她说：“你知道，我非常爱你。而且我相信，你也一样。我们都不愿意目前的局面持续下去。”

她点头表示同意。

这一步意在建立共识，作为下一步沟通的基础。

“我们俩都是读书人，都是法学博士，”我继续说：“我相信我们有智慧，也有能力一起努力，开动脑筋，为维持并改善我们之间的关系找到一个妥善的解决方案。”

这句话的目的是通过心理暗示帮助对方建立信心，让她对接下来的沟通以及可能取得的成果抱有积极乐观的期待。

我接着强调说：“我思来想去，我们都是学法律的，可以考虑借鉴法律程序的智慧，以后在我们就某一事项意见分歧、无法达成一致时，为避免直接冲突，我们可以找一个第三人评理，请他作出判断。当局者迷，旁观者清。因为他和整件事没有利益牵扯，这种距离的存在可能会让他看问题看得更清楚，判断也会更理性。”

她回应道：“问题是找谁呢？”

“找你二舅，怎么样？”我提议道。

之所以提议找她二舅，原因有二：其一，这个第三人必须与对方亲近，获得对方的信赖，此种信赖有助于使她更容易接受我的提议；其二，对我而言，这个人必须是理性的，其判断必须具有可预测性。而她二舅则同时符合这两个条件，一方面在血缘关系上他是她长辈，和她更亲近；另一方面他是做生意的人，走南闯北，见多识广，情商很高，在人际关系的处理方面特别娴熟，可谓得心应手。我可以很有把握地判断：在我和她外甥女的纠纷处理方面，他绝对不是破坏者，而是建设者。如果他总是作出明显偏向自己外甥女的判断，那无异于火上浇油，对我们关系的维持和改善有百害而无一利。因此，为了我们的婚姻能够稳定地延续下去，他应该会尽可能作出客观中立同时可能更能让我接受的判断。

对于这样的提议，我妻子当然没有理由拒绝，她爽快地同意了。

“那太好了，我们终于在一个问题上有了共识！这是可喜的成绩。”我补充说：“但是，我们必须提前说好，从此以后一旦发生了争议，我们就不允许吵架了，直接打电话给二舅。不管二舅作出什么样的判断，我们都要无条件接受，不得有异议。这样我们就能避免陷入无休止争吵的局面。你说呢？”

自那以后，在她二舅的主持下，我们学会了平心静气地面对对方的主张，一次又一次地为冲突降温，一次又一次地顺利解决纠纷，而不是激化矛盾、加剧对立。

从上述故事中，你可以看到制度化的纠纷解决机制所具有的另外两个好处：一方面，避免感情用事，控制过激情绪，让人际关系更加理性化；另一方面，省时省力，节约成本，为你减负，免于具体问题具体分析的烦琐。像夫妻之间这种家庭内部的在相当长的时间段内反复进行的谈判类型，如果每次冲突都要谈判一次、争吵一次的话，会费时费力，占用你大量的时间，消耗你大量的精力，而议定规矩、建立制度化的纠纷解决机制，则会帮助你从琐碎的家庭矛盾中解放出来，而且会让冲突的次数大幅度减少，同时也有助于夫妻双方跳脱出每次具体事项的争执，从宏观上来思考和把握夫妻关系的基调和走向。

除此之外，在关系谈判学看来，“议定规矩”的技巧在中国社会生活中运用的空间无疑更为广阔。我们所在的社会是个人情社会，人与人之间的关系错综复杂，每个人都陷在人情的罗网当中，国人经常性地把事和人纠缠在一起，很难做到“对事不对人”。因此，如果你管理某一事务，对方找你办事，你的拒绝很容易被对方视为对他本人的不满。

话说宋太祖时，皇帝陛下需要薰笼，便吩咐后苑去采办几个。

所谓薰笼，是一种为了薰香衣被而设计的室内日常用具，形制有大有小，多用竹子编制，也有金属制的，有时表面饰以彩绘，薰笼内安置香炉，燃香以供薰衣。唐代大诗人白居易有一首《后宫词》，其中写道：“泪湿罗巾梦不成，夜深前殿按歌声。红颜未老恩先断，斜倚薰笼坐到明。”其中讲的便是一位失宠的宫女独守空房，寂寞难熬，孤枕难眠，于是斜靠在薰笼上，一坐到天明。

话说宋太祖把置办薰笼的工作安排下去之后，满以为手到擒来，却不想等了好多日，薰笼还是没有买来。太祖就很生气，就把办事的人叫来责问。

办事的回话说：按照条贯，内廷采办日用等物，需要先给尚书省打报告，尚书省将报告下发本部，本部下发本寺，本寺下发本局，本局做好方案，再复奏，层层审批，最后经宰相批准，才可以拨款采购，进呈大内使用，因此报告要“经历诸处，行遣至速须数日”。

此处的“条贯”，指的是条例规定，笼统地可以理解为制度。

对于办事人的答复，宋太祖并不满意，大怒：“谁做这般条贯来约束我？”

人家答：“我就是个办事儿的，制度的事儿可不懂。您得问宰相。”

宋太祖当即吩咐左右：“呼赵学究来。”

赵学究就是赵普，当时担任宰相。

赵普到了，赵匡胤质问道："我在民间时，用数十钱就可买一薰笼；如今贵为天子，却好几天搞不到。这是什么缘故？"

赵普答："没办法，条贯就是这么规定的。"

太祖开始说脏话："这是什么狗屁条贯？这不是故意针对我吗？"

赵普不紧不慢地答道："此条贯，并不少专门为陛下而设，乃是为陛下的子孙所设。您是开国之君，筚路蓝缕，以启山林，苦日子过来的，知道创业的不易，也了解民生的艰难。但后代子孙养在深宫，衣来伸手，饭来张口，不知民间疾苦，如果非理性地追求享受，肆意制造奢侈物品，浪费国家钱财，又不加限制，后果不堪设想。因此，条贯才规定在正式执行皇帝命令之前，必须有台谏审查。这才是条贯的深意啊！"

赵匡胤听明白了，这制度原来是为保我赵氏江山万古不朽，于是大喜："此条贯极妙！有没有薰笼实在是小事啊！"

"宋太祖买薰笼"的故事告诉我们，通过设定制度对事件进行制度化的处理，一方面，你可以将制度作为盾牌，对事不对人地拒绝对方，即便对方贵为皇帝，从而避免受到过多人情的纠葛进而干扰你的科学判断、战略安排；另一方面，由于制度天然地具有立足长远、放眼未来、针对不特定多数人等属性，你可以以制度为矛，从有利于对方的长远利益、稳定利益、集体利益的角度说服其接受制度，而摆脱"针对特定人"的指责。

除了拒绝别人，制度化还有规避风险的好处。当代社会是个风险社会，风险可以说是无处不在。为了规避风险，人们寻找着各种各样的途径，尝试着各种各样的思路。而制度由于其非个人性，因此成为个人规避潜在的职业责任风险的最佳武器。在关系谈判学中，我们把制度理解为责任的"避风港"，是最强大的免责事由。

我有一个学生，是某国家机关的财务部门的负责人。这个岗位权力很大，他的一支笔，每年就要审批几千万的经费。巨大的权力一定意味着巨大的风险。在他任职之前，这个位子已经有好几位前任领导出事，身陷囹圄。

面对未来可能的风险，应该怎么办呢？

他想了一个绝招，那就是重新制定财务审批制度，内容如下：

第一，所有的财务开支，在提交财务处审批前，必须经过本单位纪检监察部门负责人的审批；

第二，凡超过1000元的开支，在提交财务部门负责人签字之前，必须经过财务部门工作会议集体研究讨论决定。

这就是非常典型的通过制度分解责任、避免责任的例子。我的这个学生也由此最终从这个位子上全身而退。

他告诉我，这个制度实际上同时也成了他拒绝别人的强大的“挡箭牌”。在中国这种人情社会当中，免不了许多人——上司或者下级、熟人或者陌生人来请你帮忙通融通融，批一笔钱。这时，他都会说：

“放心，我这里没问题。不过按照我们的制度，这个钱批下来必须过三关，我负责最后一关。经费审批单在到我手里之前，还要过纪检监察部门和财务部门工作会议这两关。你想办法去搞定那两关，特别是纪检监察部门那一关，他们审得比较严。”

话说到这个分儿上，很多人也就知难而退了。

将纠纷解决制度化还有一个妙处：所设定的制度如果是经各方协商同意的制度，则最后取得的解决方案更容易令各方心甘情愿地接受并严格执行。

我儿子喜欢吃糖，但作为父母，我们担心这会损害他的牙齿。所以，在他两岁那年的某一天，我们一家三口聚在一起召开家庭会议，讨论他的吃糖问题。

我问他：你想每天吃几颗糖？

他说：十颗。

我当然不会同意："爸爸认为，你每天最多只能吃两颗。"

经过一轮一轮的讨价还价，我们最终达成了一致：每天吃三颗糖。

妈妈补充了一个条件：这三颗糖必须早上起床之后吃，一口气吃完。

据说这样做对小朋友的牙齿威胁最小，我儿子对这一点也没有异议。

然后我起草了一个书面文件，三人签字画押、存档备查。

就是这样一个制度，从彼得两岁到现在七岁，他一直自觉地严格遵守，从来没有偷偷地多吃一颗糖。

这种制度化的处理思路，在谈判中被频繁使用，且总是能够有力地发挥作用。这里必须提醒读者诸君注意的是，当各方共同制定了制度之后，你必须认识到，制度是一把"双刃剑"，你在获得制度化处理所带来的好处的同时，也要有谈判对方可能会利用制度来约束你方的心理准备。质言之，愿赌服输，有时候你必须牺牲自己的随心所欲，进而维护制度的权威。

综上，纠纷解决的制度化有助于高效且有力地处理问题，但其有个重要的前提，那就是解决纠纷的制度本身是获得谈判各方认可或接受的，而不能是单方面施加的。在谈判实践中，我把单方面施加规则的行为称为"立法者游戏"。

在酒席宴上，一位朋友捧着酒杯，向你走过来敬酒。

你不愿意多喝，希望点到为止，但对方纠缠不休，甚至要挟道："是男人，你就把这杯酒全喝了！"或者"有诚意的话你喝了它。"或是说："你要么干了这一杯白酒，要么喝了那一瓶啤酒，你选择吧！"

在现实生活中，你是不是经常遭遇这样的窘境？在绝大多数情况下，你往往只能无可奈何地、痛苦地按照对方的要求饮尽那一杯苦水。

我要告诉你的是，一旦你这样做了，你就落入了对方的圈套。换言之，在这次不经意的谈判中，你失败了。

在谈判学上，我们把这种现象称为“立法者的游戏”。为什么呢？如果从谈判学的角度分析，你会发现对方事实上已经在不经意间充当了“立法者”的角色。而所谓的“立法者”，说白了就是规则制定者。你看看，对方有意无意地为你制定了如下规则：“只有干了这杯酒的才算是男人”“只有喝了这杯酒，你才是有诚意的”或者“你必须选择这杯白酒或者是那瓶啤酒”。他制定了游戏规则，然后让你来遵守，问题在于这种规则明显是不利于你的。因此，如果按照对方的要求去做，那就意味着你接受了他制定的游戏规则，并同时承认了他制定规则的权力；而你如果拒绝对方的要求，不仅会伤害他的面子，影响现场气氛，而且会让在场的人觉得你很窝囊，似乎你已经在无形中告诉大家：“我不是男人”“我没有诚意”。当然，现实中，也的确有人被迫做这样的回应：“你别逼我了，我是女人，好了吧！”

那么，你该怎么做呢？

面对这样的谈判，一般来说，明智的做法是首先要揭露对方的规则制定者的身份是自我赋予的，从而让大家知道支撑其无理要求的规则也是不成立的或者荒谬的，因此该规则对我无效。

当然，你不应当直白地说“别玩了，你这是立法者游戏”，除非你遇到的是专业的谈判者，否则人家听不懂你在说什么。

在习惯上，我们经常运用其他的谈判策略来化解现场的尴尬，比如“引入第三人”。也就是说，你可以引入新的立法者来制定有利于你的规则，比如你可以用开玩笑的口吻说：“不好意思，我出门时我老婆告诫我：是男人你就别喝酒。”

你也可以引用更权威的人物，比如说：“你没听过吗？莎士比亚曾经告诫我们，千万不要用酒精考验你朋友的忠诚度。那是绝对的愚蠢！”很经典吧！当然，大家回去后也不必蹲在凳子上，瞪大眼睛去百度上搜。莎士比亚根本没有说过，这是我随口胡编的。虽然是胡编的，但是这种回应很有力，对方马上就意识到，如果继续找你麻烦，那他就是绝对的愚蠢了。

我有个学生更狠，他引用的是他已经过世的奶奶：“不好意思，真的不能喝。我奶奶去世的那天晚上，我在她老人家的牌位前发过誓，此生坚决不再喝酒了。你知道，我是个说话算话的人。”

我们将“立法者游戏”作为一项重要的策略列在这里，当然其功用并不局限在酒桌上，而是可能有着更为广泛的实践意义。总结为一句话就是：“主动地为对方立法，而永远不要直接接受别人制定的规则。”这就是我们的教义，你们要记牢了。没有哪次谈判是在接受对方制定的游戏规则的情况下取得胜利的，历史上没有，将来也不会有。因此，在谈判实践中，不要害怕辛苦，而是要发扬不怕苦、不怕累的精神，积极地承担制定规则的任务：主动要求由我方承担，实在不行也要能参与制定，绝对不做旁观者。如果对方在你没有参与的情况下就制定出了规则，那么你需要做的不是对他进行人身攻击，而是也去制定一套规则出来，要求对方接受，或者起码应当大幅度修改调整对方制定的规则，增加对我方有益的内容。

第十七课

妥当的表达方式

根据我对人性的了解，即便是要吃药，人类也愿意裹着糖衣；即便是真话，人类也希望能够委婉地表达。因此，永远不要以说话直率的名义伤害别人。在我看来，那不是直率真诚，而是尖酸刻薄，所谓“沽名卖直”，即故作直率以猎取名誉。长此以往，这种人会没有朋友的。

如果某个行业臭名昭著，一提起它，大家在脑子里就会产生不好的印象，这时候该怎么办呢？

正确答案之一可能是：改个名字。

这方面最经典的例子就是赌博了。

在卸任美国共和党全国委员会主席之后，弗兰克·法伦科夫（Frank J. Fahrenkopf）出任美国博彩协会主席。为了重树行业形象，法伦科夫推进了从“赌博业”（Gambling）向“博彩业”（Gaming）改名的措施。

只减少了两个字母，从拉斯韦加斯、密西西比州海湾海岸到大西洋城、印第安赌场，他们所经营的那种业务就有了全新的面貌，老虎机没有改变，扑克牌没有改变，大乐透没有改变，骰子也没有改变，但美国人对这个行业的看法改变了。

围绕“赌博”产生的所有不良联想，比如黑社会、有组织犯罪、性交易、典当财产、挥霍财富、逼良为娼、恶贯满盈等，都被转换成了“博彩”所代表着的一种无伤大雅的、轻松愉快的，甚至一家人可以围坐在一起做的某种小游戏的形象。①

这一事例提醒我们，同样的内容，用不同的方式来表达，带来的效果也

① ［美］弗兰克·伦茨：《说话的力量：有效说服他人的策略和技巧》，王晓鹂译，中信出版社，2017 年版，第 190—192 页。

会迥然不同。对于关系谈判学而言，必须认识到，鉴于语言在人类社会中的建构性作用，在确认、维护、巩固和发展人际关系的过程中，妥当的表达方式扮演着至关重要的角色。因此，在这一节中，我尝试着为大家提供几条对你的表达方式而言非常有益的建议。

一、在批评别人时，要变“直率”为“委婉”

现实生活中，有很多人会以“直率”“真诚”“实在”的名义说一些贬低、否定、伤害他人的话，然后还为此沾沾自喜。

2018年，我和一些朋友从北京出发去西藏自驾游。在拉萨的一个商场里，有个现场制作手工牛皮腰带的柜台。腰带绝对是真材实料，真正的牛皮，带扣都是铜质的，有各种造型。我买了几条作为旅行纪念。其中有一条，黄铜带扣的正中心镶嵌着一块椭圆形的绿色玉石，虽然那块玉石并非真的玉，但我很喜欢这个造型。

回到北京后，有一次我扎着这条腰带参加一个朋友聚会。

觥筹交错之间，有一位我们非常熟的朋友，在我走过去向他敬酒时，突然当着众人的面大声说：“白兄，你这品位不行啊！你系的这条腰带太难看、太土了。”

同样是这位朋友，有一次当众嘲笑我穿着的一款风格比较硬朗的机车皮夹克：“你穿的这个风格早就过时了，穿着看上去一点不像个大学教授。你应该买一件我这种羊皮夹克，柔软舒适，就是价钱稍微贵点儿。”

当然，每次嘲笑完我低劣的品位之后，他总是会雷打不动地补一句：“不好意思，我这人总喜欢说真话，不会拐弯儿，特别直接。你可千万别介意。”

当着这么多人的面批评我的着装，读者诸君，请设身处地地细想，我能不介意吗？虽然，我实际上并不否认他说的话也许有些许道理，我的腰带和皮夹克可能的确不及他的品位高，我的审美水平也着实令人不敢恭维。但是，我并不希望这一点被公开讨论。

根据我对人性的了解，即便是要吃药，人类也愿意裹着糖衣；即便是真话，人类也希望能够委婉地表达。因此，永远不要以说话直率的名义伤害别人。在我看来，那不是直率真诚，而是尖酸刻薄，所谓“沽名卖直”，即故作直率以猎取名誉。长此以往，这种人会没有朋友的。

对于别人的缺陷或者弱点，正确的做法是：

其一，如果是人家的私事，与你无关，尽量不要随意表达你的看法，除非对方征求你的意见；

其二，如果你准备批评对方，最好不要公开批评，而是选择在私下接触的场合；

其三，如果必须公开表达意见，你只要强调他的着装、选择或者观点在何种情境下特别合适，即可变“批评”为“表扬”。

在上述例子中，我在聚餐时受了我那位朋友对我皮夹克的疯狂的挖苦讽刺之后，回到家里，把这件事讲给我妻子听。我妻子淡淡地说：

“这只能说明他审美能力有局限。你的这种夹克特别适合去青海、西藏、新疆自驾游，在茫茫戈壁、黄沙大漠、长河落日的背景中，多么和谐。他那衣服只能在北京混，不耐磨。”

我听了以后心里特别舒服。后来自己一琢磨，她的话其实也就是承认我的夹克不适合在知识分子同行聚会时穿啊，只是她的表达方式委婉多了，更容易让我接受罢了。

其四，如果公开批评的是某个不在场的人物，则说话更需要倍加小心。

一方面，必须提防在座的人物中有其亲戚朋友在场，以免你的批评意见被传播出去，导致在江湖上多了个敌人。

另一方面，即便你确定他没有亲戚朋友在场，你也要对流言蜚语、小道八卦之类的他人的负面消息谨言慎言，务必尽量做善意的分析阐释，而不宜恶意推测，这不是为了被评论者，而是为了你自己的形象，避免在场的聆听者把你视为对于别人的不幸遭遇幸灾乐祸的小人。

二、变“消极”为“积极”，变“否定”为“肯定”

桌子上有一个玻璃杯，里面装了半杯水。当我让同学们描述这个杯子时，有的人会说杯子里已经有了一半的水，有的人会说杯子没有装满，还差半杯水。

“消极”与“积极”、“否定”与“肯定”是人类认识世界、描述世界的两种方式，其实也代表着看待事物的两种方式。而不同的人，基于不同性格、家庭出身、受教育程度、社会地位、专业训练、财产状况、文化背景等，会选择不同的看待世界的角度和方式。不得不说，前述两种方式各有其合理性。

但是，在关系谈判学上，必须强调，在和他人沟通时，使用“积极”“肯定”的方式，相较于“消极”“否定”的方式，会给对方带来更多的心理满足感，也会激发对方更加积极、正面的情绪。

因此，如果我们想劝说对方和我方合作、接受我方的建议、配合我方采取行动，那么在表达时，不妨提供更多积极的信息，以激发对方更加积极的情绪，而不宜过度使用消极的、负面的信息。

比如，你父亲抽烟非常凶，平均每天抽两盒。为了他的健康考虑，你想劝说他少抽点儿，你有下列两种说法可供选择：

第一种："老爸，别抽那么多烟了。多抽一根，少活一年啊！"

第二种："老爸，接下来您得少抽烟了。少抽一根，多活一年啊！"

对于老年人而言，第一种说法中"少活一年"就是典型的消极、负面的信息，会引发其不愉快的联想，影响其健康心情；而第二种说法中"多活一年"就是积极、正面的信息，会激发其对于健康的积极需要、积极追求。

你儿子今年6岁，爱吃零食，但是不怎么吃正餐。你怎么劝说他呢？

你可能会下意识地说："儿子，必须好好吃饭啊！不好好吃饭，将来会长不高个子的。"这是消极的表达方式，本质上是一种吓唬、恐吓。

积极的表达方式，则是类似下面这种：

"儿子，必须多吃肉肉和蔬菜，这样将来身体长得高高的、壮壮的，力大无穷，才能和爸爸一起去旅行看世界啊。"

这是积极的表达方式，本质上是一种引导、鼓励。

类似的情景还有，比如，你想劝说你爱人最近不要乱花钱、少买东西。

消极的表达："老婆，能不能别乱花钱了？再这样下去，我们就要破产了。求你了。"

积极的表达："老婆，今年你就不要再给我买礼物了。我想省下钱来，给咱们买个大房子。"

在日常社会生活中，为了向对方表达善意，我们会经常性地把"对不起""不好意思""给您添麻烦了""真的很抱歉"等类似的"道歉式表述"挂在嘴边。殊不知，这样的表述其实是在向对方传递消极信息，即无形中承认自己已经做错了事情，进而请求对方的谅解。问题是，实际上，你根本没有做错什么。

因此不妨变“消极”为“积极”，把同样的内容以积极的方式表达出来，重点强调你对对方善意的感激，而不是强调你做错了事情。

因为堵车，参加聚会迟到了。你平时会习惯性地说：“对不起，列位，让大家久等了！等会儿我自罚三杯。”其实你可以换个说法：“特别感谢大家耐心地等我，一会儿我单独敬三杯。”

有朋友邀请你去演讲或者参加活动，但你实在是去不了。你平时会习惯性地说：“对不起，那天碰巧有事，实在去不了啊！”

你可以换成下面的表达：“谢谢您的邀请，有好事总是想着我。可惜那天早就有了安排。我真的错过了一个好机会啊！”

你去餐厅吃饭，点了一瓶酒，服务员端上来之后，发现不是你想要的那款。平时，你会习惯性地脱口而出：“不好意思，我点错了。能帮我换成另一款吗？”学习谈判学之后，你不妨这么说：“谢谢您，请帮我换成另一款，好吗？”

当事人想请你代理他的案件，而你却并不希望接这个案子。你就不应该说：“对不起，非常不好意思，这次真的接不了。”而是可以改成下面的说法：“谢谢您的信任。可惜我这段时间行程都排满了。为了保证您案件的服务质量，我建议您去找我们所的王律师，他在这类型的案子上很有经验。”

你是一个销售，你负责销售的货品卖得很火爆，只剩下一种了。这时，顾客上门询问。你不应该说：“对不起，只剩下这一种货了，其他的都卖光了。”

没有人愿意买其他人挑剩下的东西。你应该说：“我们的这个产品，销量特别好，很受大家欢迎，所以我们预先囤了很多。我拿给您看看！”

以上只是随便举几个例子，供读者诸君参考揣摩。但所有这些例子背后，其实都是一种积极乐观的心态。而养成这种心态，需要长时间耐心的训练。

三、变“为我”为“为你”，变“为大家”为“为你”

有一个故事，讲的是两个信徒和神父关于祈祷和抽烟的对话。

信徒甲问神父：“我可以在祈祷时抽烟吗？”

他的请求遭到神父的严厉斥责。

而信徒乙也跑去问神父，他的说法是：“神父先生，我可以在抽烟时祈祷吗？”

他的请求却得到允许，悠闲地抽起了烟。

故事里的这两个信徒实质上做的都是相同的两件事：祈祷和抽烟。

但是，“在祈祷时抽烟”和“在抽烟时祈祷”并不相同。前者的主词是抽烟，在祈祷时抽烟，在神父看来，祈祷并不专心，无法容忍。后者的主词是祈祷，在抽烟时祈祷，在神父看来，即便抽烟也不忘祈祷，这真的是虔诚的信徒。毫无疑问，作为神父，其职业身份决定了其必定更重视祈祷及祈祷的敬心诚意。由此可以得出结论说，综观上述对话，强调抽烟，这是信徒以自己为中心；强调祈祷，这是信徒以神父为中心。因此，如果信徒希望获得神父对其行为的认可和支持，就必须变“为我”为“为你”，在表达上，重视神父所重视的，强调神父所强调的。

在这里，我还可以分享一个《红楼梦》中的例子，让读者诸君领略一番“为你性”表达在谈判、沟通中的力量。

《红楼梦》第四十四回讲到，凤姐和众人看戏，她丈夫贾琏却和鲍二家的媳妇私会。贾琏打发一个小丫头盯着王熙凤，一看见戏散场了，就回来给自己送信。

不想王熙凤饮酒多了，觉得不舒服，看戏中途就想回家里歇着，于是托称出去洗把脸，便出了席，往房门后檐下走来。平儿留心，也忙跟了来，凤姐儿便扶着她。才至穿廊下，只见自己房里的一个小丫头正在那里站着，见她们两个走过来了，回身就跑。

凤姐儿便生了疑心，就忙叫她。只是那丫头只装听不见，还是照跑不误。无奈后面连平儿也叫，再装听不见就不合适了，只得回来。

凤姐儿越发起了疑心，忙和平儿进了穿堂，把那小丫头也叫进来，把槅扇关了，凤姐儿坐在小院子的台阶上，命那丫头跪了，喝命平儿："叫两个二门上的小厮来，拿绳子鞭子，把那眼睛里没主子的小蹄子打烂了！"

那小丫头子已经唬的魂飞魄散，哭着只管碰头求饶。

凤姐儿问道："我又不是鬼，你见了我，不说规规矩矩站住，怎么倒往前跑？"

小丫头子哭道："我原没看见奶奶来。我又记挂着房里无人，所以跑了。"

凤姐儿道："房里既没人，谁叫你来的？你便没看见我，我和平儿在后头扯着脖子叫了你十来声，越叫越跑。离的又不远，你聋了不成？你还和我强嘴！"说着便扬手一掌打在脸上，打的那小丫头一栽，这边脸上又一下，登时小丫头子两腮紫胀起来。

平儿忙劝："奶奶仔细手疼。"

凤姐便说："你再打着问他跑什么。他再不说，把嘴撕烂了他的！"

这个故事里，平儿看王熙凤情急之下下手很重，怕她打出个好歹来，于是说了一句"奶奶仔细手疼"。这句话简直妙不可言，是典型的"为你型"表达。如果换成"奶奶下手轻些，千万别把人给打坏了"，那劝说的效果便差很多，因为后者是从小丫头的生命健康利益出发的，而"奶奶仔细手疼"是从心疼凤姐出发的。凤姐心领神会，停止殴打小丫头，后面基本上都是以吓唬为主。

第十八课

“关云长土山约三事”之一：创造需求

当我们想提供给对方某种东西的时候，如果我们直接给对方，就会降低这个东西的价值，对方也未必珍惜它。因此，正确的做法是让对方认识到这个东西的价值，进而产生对这个东西的需求，则他会主动请求你帮助自己满足需求，得到这个东西。

罗贯中在《三国演义》第二十五回讲了“关云长土山约三事”的故事，其中塑造了一个绝对可以说是专家级的谈判选手——张辽张文远。

话说曹操率二十万大军，兵分五路杀奔徐州，来讨伐刘备。刘备用张飞之计，趁曹军立足未稳，半夜前去偷营劫寨。谁知曹军早有准备，刘备军队大败。刘备与张飞失散，只身突出重围，投奔了袁绍。张飞带着数十骑人马，败走芒砀山。关羽当时保护着刘备的妻小，正在下邳城死守。曹操用了谋士程昱的计策，使夏侯惇引诱关羽出战，然后诈败而走。关羽追赶二十余里，却被曹军两路伏兵截住，无法返回下邳。曹操乘机率军拿下了下邳。关羽无奈，只得引兵退到一座土山上歇息。而曹操则派自己的部将张辽前去说降。

挨到天明，关羽正要整顿军马下山突围，忽见一人跑马上山而来，视之乃曹操部将张辽。

看到张辽过来，关羽张口便来了一句：“文远你是来和我打架的吗？”

对于关羽的敌意满满，张辽很好地控制着自己的情绪：“不是啊。只是想到我们以前的交情，特地赶来见一面。”说着话，弃刀下马，这是标准的表达和平的姿态。

见张辽如此，关公的第二句：“文远莫非是来劝关某投降的？”敌意降低了些许，却也包含着深深的怀疑和不信任。

张辽赶紧说：“不是啊！当年承蒙大哥帮了小弟一把，如今小弟如何能不来救大哥？”

以上这部分可以说是张辽劝说关羽谈判的第一阶段，我们可以称之为“关公四问”。这个部分的对话由关羽发起并主导，是对张辽来意的三种揣测，从“来相敌”，到“来相劝”，再到“来相助”，一气呵成，但是仔细分析就会发现，这三个问题的变化实际上也可以视为关羽对于张辽敌意的逐步消减的过程。这种逐步消减是由张辽一个接一个的否定回答促成的。在这个阶段，张辽基本上属于守势，通过语言和行动逐步打消关羽的敌对怀疑态度，让关公冷静下来，使得下一步的冷静沟通成为可能。

张辽所有的回应都没有敌意，而是讲交情，讲相互帮助。

关公进一步问：“那你就是要帮助我了？”

张辽答：“也不是。”

关公追问：“既然不想帮助我，那你来这里干什么？”

张辽继续回答：“刘玄德和张翼德在战斗中下落不明、生死未卜。昨夜，曹公已经攻下了下邳，城中军民都不加伤害，还派人护卫刘玄德的家眷，不许骚扰。小弟听到这些情况之后，特地赶来报告兄长。”

这里，张辽使用了一个非常特别的词汇——“报告”——来说明自己的来意。一方面，“报告”是个非常低姿态的词，往往用于下属、位卑者向上司、位尊者汇报的情境，张辽用这个词可以体现出对关羽的尊重，是一种非常自谦的说法。另一方面，就内容而言，“报告”一词非常中性，只是对事实的客观陈述，而不涉及对所报告内容的价值判断。张辽选择这个词，维持了自己在关羽和曹操之间外观上的中立性，同时在报告的内容上呈现了对于曹操有利的信息，塑造了曹操慈悲大度、秋毫无犯的道德形象，为下一步劝降奠定事实基础。同时，你也会发现，张辽介绍的情况也是关羽非常关注的。

关公听出来了张辽话中对于曹操的表扬，带着怒气下逐客令：“你说这话，不就是特意来劝降我的吗？我现如今虽然身处绝境，却也是视死如归。你该速速离去，我马上下山迎战。”

张辽大笑，说：“兄长，你说这话就不怕被天下人耻笑吗？”

关公道：“吾仗忠义而死，天下人为何笑我？”

张辽说：“兄长今日如果战死，就犯了三项罪过。”

关羽问：“你且说说，我有哪三项罪过？”

张辽答道：“当初刘使君与兄长桃园结义之时，发誓同生死、共命运；如今刘使君刚打了败仗，而兄长就立即战死，倘若使君复出，希望获得兄长帮助，却无法得到，岂不负了当年的誓言？这是第一罪。刘使君将家眷付托于兄长，兄长今日如果战死，两位夫人再没有人可以依靠，这样实在是有负使君重托。这是第二罪。兄长武艺超群，熟读经史，不想着和使君匡扶汉室，只想着赴汤蹈火、逞匹夫之勇，这能称为义气吗？这是第三罪。兄长有这三项罪过，小弟不得不如实相告。”

听张辽这么一说，关公沉吟：“你说我有这三项罪过，想让我怎么办？”

以上是谈判的第二部分，可以理解为过渡阶段。张辽分明是来劝降的，但是如果直接劝降，非但无法达成目的，反而还会激怒关羽。因为关公自视甚高，而且作为战将，把勇气和名誉看得比自己的性命还重要，让他投降，会被关公视为对自己的羞辱。因此，带着劝降任务而来，张辽必须帮助关羽克服这种对于投降的心理障碍。为了完成这一任务，张辽运用了两个技巧。

首先，在战略上，张辽运用了“创造需求”的策略。

当我们想提供给对方某种东西的时候，如果我们直接给对方，就会降低这个东西的价值，对方也未必珍惜它。因此，正确的做法是让对方认识到这个东西的价值，进而产生对这个东西的需求，则他会主动请求你帮助自己满足需求，得到这个东西。比如，鉴于对其能力和信誉的信赖，你想借给某个朋友一笔钱以收取利息。这时，你主动找他说准备借给他一笔钱，他自然未必感激你，因为他对钱没有需求。如果你能先创造某种情境，让他对钱产生需求，这时再暗示他你手里有余钱，那么对方自然会主动向你提出借钱的请求，你的目的就能更加通畅地实现。

接下来，我将以我亲自处理的一个案子为例，向大家呈现“创造需求”策略的运用。

来自安徽的A女士和北京的B先生相识相爱，并于2003年缔结婚姻。B先生之父将自己所有的位于北京市丰台区的两间平房作为婚房让二人居住。2005年，A女士诞下一子。2009年，其所住房屋列入规划拆迁范围，与开发商和政府签订合同，以该两间平房等价置换四套楼房，该楼房预计于2014年交付。2012年初，A女士发现，B先生开始经常性地夜不归宿，对她的态度也开始转变。经调查，了解到B先生在家庭外部另结新欢，已然公开同居生活。A女士苦心规劝，毫无结果，反而招致恼羞成怒的B先生没来由的拳打脚踢。忍受不了这样的羞辱和暴力，A女士离家另外租房居住，并计划通过诉讼的方式与B先生离婚。

通过朋友的介绍，她找到了我，希望我给她一些法律上的帮助。

我问她：“您希望达到什么效果？”

她说：“我总共有三个目标：第一，和他离婚，这日子实在没办法过下去了；第二，我希望在离婚后分到那四套楼房之中的两套；第三，我经济能力有限，无力抚养这个小孩，希望男方来抚养他，不过这一点好像问题不大，B先生父母和他本人都非常喜欢这个小孩。”

听了她的介绍，我说：“根据您的情况，我建议最好不要采用打官司的方式来解决纠纷。因为很明显，根据婚姻法中的相关规定，现在的情况对您是不利的，您根本不可能得到两套楼房。那两间作为婚房的平房乃是B先生的父亲赠与B先生的，而不是赠与你们夫妻双方。因此作为其替代物，那四套楼房自然也属于B先生所有。作为夫妻共同财产，需要在离婚诉讼中予以分割的，其实只有你们婚后双方通过劳动或其他方式所得的财产。这个部分数额太小，离你的期望差距太远。所以，虽然目前您很愤怒，我们都可以理解，但由您提起离婚诉讼对您而言是极为不利的。我建议最好通过谈判来解决。您现在应该心平气和地返回去，住到自己家里，一方面收集一些对对方不利的证据，另一方面可以老在他面前晃悠，然后等着对方烦得不行，来求您和他离婚。这样您就可以就离婚向他提出你的条件。而在诸种条件中，于您最有利的条件是您的儿子。在这个问题上，重要的不是您有没有抚养能力，而是他们全家都喜欢这个孩子，这就构成了对方谈判的弱点。所以，您应该更好地和你的孩子交流，更爱他，尽管您不一定真的愿意在离婚后带着他一起生活，但除非对方提出让您满意的条件，您就绝不能把孩子自动让出去，当然也绝不能同意离婚。您对离婚的同意和在孩子抚养权上的每一寸让步，都需要对方用相应的对价来换取。您只有耐心地等待对方的让步，才有可能实现您的目标。”

让我们回到张辽和关羽的谈判。张辽能提供给关羽的是一个向曹操投降的机会，但是这个机会有损关羽作为一名战将的尊严，致使他很难接受，也不会珍惜。因此，张辽要做的是创造一种关羽有必要向曹操投降的需求。具体而言，首先应当使关羽面临一种困境，请求张辽帮忙提供出路，进而张辽指点迷津，把“向曹操投降”作为解决困境的方案。这时，关羽才会认真理性地思考投降问题，而不是情绪性地排斥和拒绝。

面对关羽的求助，张辽回应说：“如今四面都是曹公的兵马。兄长如不投降，则必死无疑。白白送死毫无益处，不如暂且投降曹公。同时多方打听刘使君音信，一旦知道其身在何处，即可前往投靠。这样的话，一来可以保护二位夫人，二来也不违背桃园之誓言，三来可以留下性命，以图将来开创大业。有这三个方面的好处，请兄长仔细思量。”

说来说去，还是投降。

只不过不是我主动给你的投降机会，而是你请我帮忙，我出于你的利益考虑，为你量身打造的脱困方案——投降。

第十九课

“关云长土山约三事”之二：扩充议题与要求对价

被扩充进来的议题可以是过去已经发生的事务，也可以是现在正在发生的，当然在未来预期可能发生的事务同样可以作为讨价还价的对象。特别是未来的事务，借由“扩充议题法”，我们可以设计更具创造性的谈判解决方案。

除了在战略上运用“创造需求”技巧之外，张辽在战术上还运用了“扩充议题法”，偷偷地调整了谈判议题。

回忆一下我们在前面讲过的“分橘子”的谈判任务。

有一天，爸爸给了哥哥和妹妹一个橘子，对他们说：“你们分着吃了吧！”于是，哥哥和妹妹就为如何分配这个橘子发生了争执。

在那一节，我们要求大家学会关注对方的真实需求。在分橘子之前，我们应当首先问问哥哥和妹妹的想法，了解一下他们的真实需求。如果妹妹想要橘子果肉来吃，而哥哥却只是需要用橘子皮来晾干泡茶喝，我们就可以设计出如下的分配方案：妹妹分到全部的果肉，而哥哥则得到剩下的橘皮。这样就达到了实质性双赢，实现了对争议资源的有效利用。

然而，现实中的问题往往在于：争议双方同时都想获得橘肉，而没人想要橘皮，那该怎么办呢？

一种常见的谈判技术是**“扩充议题法”**，即不要把谈判的议题仅仅局限于眼前的这个橘子上，而是将其他相关或不相干的议题增加进来考虑，帮助眼前议题的解决。

比如，妹妹可以对哥哥说：“如果你同意把整个橘子让给我吃，我今天晚上可以帮你做作业。”

或者：“我可以保证坚决不把你拿奶奶私房钱的事告诉妈妈。”

或者："你上次借我的橡皮就不用还了。"

如此等等。

被增加进来的议题可以是货品的数量、服务的时间，也可以是付款方式、付款时间；可以是开不开发票，也可以是有没有赠品；可以引入其他人，也可以引入其他事务。

我有一次找一个店家买皮带，看上了一个牌子，设计得简洁大方，非常漂亮。

我问："这个款式多少钱？"

老板回答："470块一条。"

我说："太贵了！能便宜一点吗？"

老板说："过年了，给你便宜20块吧。"

我想了想，回复说："这样，两条700块，卖不卖？"

他隔了一会儿回复说："我连成本都包不住，这可是小牛皮的。"

我说："我就愿意出700块。"

老板说："大哥，你给我每条加20块吧！两条740块。"

我说："这样，我买3条，你算1000块。"

老板回答："好吧。你这太会砍价了，我基本没得赚。"

被扩充进来的议题可以是过去已经发生的事务，也可以是现在正在发生的，当然在未来预期可能发生的事务同样可以作为讨价还价的对象。特别是未来的事务，借由"扩充议题法"，我们可以设计更具创造性的谈判解决方案。

比如，哥哥可以说："妹妹，如果这次你把这个橘子让给我，那么下次无论爸爸给我们什么好东西，我都全部让给你，即便是一辆自行车，我也不含糊。”

比如，如果你的哥哥是孔融的话，你不妨跟他说：“哥哥，如果你把这个橘子让给我吃，我长大后保证把你的故事写进史书里，你的高尚品德会通过‘孔融让橘’的故事流传千古、万世流芳的。”

不要笑，因为说不准你所面对的谈判对方正是一个爱惜自己的名声更重于口腹之欲的人呢！要知道，这个世界上有着千奇百怪的人们，他们怀揣着奇奇怪怪的梦想和愿望，而这正为我们进行创造性谈判提供了广阔的天地。

总之，在议题范围更为广阔的情况下，谈判双方可以让步的空间也更大，争议的解决自然也更加顺利，也就更容易达到让双方都满意的谈判结果。

回到张辽和关羽的对话。

张辽指出，面对曹兵的重重包围，如果关羽今日逞英雄，只有死路一条；而这样战死，有三项罪过。

关羽问：“你且说说，我有哪三项罪过？”

张辽答道：“当初刘使君与兄长桃园结义之时，发誓同生死、共命运；如今刘使君刚打了败仗，而兄长就立即战死，倘若使君复出，希望获得兄长帮助，却无法得到，岂不负了当年的誓言？这是第一罪。刘使君将家眷付托于兄长，兄长今日如果战死，两位夫人再没有人可以依靠，这样实在是有负使君重托。这是第二罪。兄长武艺超群，熟读经史，不想着和使君匡扶汉室，只想着赴汤蹈火、逞匹夫之勇，这能称为义气吗？这是第三罪。兄长有这三项罪过，小弟不得不如实相告。”

关羽的利益关注点是道义，张辽全部的语言谈的都是道义。但是如果仔细玩味，你就会发现张辽其实已经扩充了双方谈判的议题，他悄悄地把关羽立基于个人良心、成全自己英雄形象的道义，扩大到了包括履行桃园结义时誓同生死的诺言、照顾好刘备的夫人和孩子、助力刘备匡扶汉室的大业等广泛内容的道义。关羽一开始的道义是只要努力战斗、对得住自己的良心就好了，这是一个人对自己的道义；但是，张辽把刘备拉了进来，要求关羽不仅要对得住自己的良心，还要对得住刘备。因此，所有的问题，所有的抉择，就要从刘备事业的实现、刘备妻儿的安全角度加以考虑。它们都是结果导向的，而不是动机导向的，并不是只要一句"我的出发点是好的"或者"我已经尽力了"就可以应付过去的。

公曰："兄言三便，吾有三约。若丞相能从，我即当卸甲；如其不允，吾宁受三罪而死。"

辽曰："丞相宽宏大量，何所不容。愿闻三事。"

公曰："一者，吾与皇叔设誓，共扶汉室，吾今只降汉帝，不降曹操；二者，二嫂处请给皇叔俸禄养赡，一应上下人等，皆不许到门；三者，但知刘皇叔去向，不管千里万里，便当辞去：三者缺一，断不肯降。望文远急急回报。"

很明显，就战争形势而言，关云长其实没有什么选择的空间：要么战斗到底，以身殉国；要么投降曹操，徐图后计。在这种背景下，除非选择鱼死网破式的战斗，面对张辽的提议，关羽实在没有理由拒绝。但是，如果关羽直接且毫无保留地接受张辽的提议，则会让自己的投降显得很不体面，甚至有些屈辱。在战争谈判中，对这种现象，有一个很妥帖的词汇描述它：无条件投降。无条件投降意味着战败方彻底地丧失了讨价还价的能力，单方面接受战胜方提出的各种投降条件、时间和地点等。对于关云长而言，荣誉十分重要，而无条件投降所暗含着的屈辱性对他来说意味着生命不能承受之重。

为了缓解此种屈辱性，一个常用的技巧便是**"要求对价"**，即在对方提出条件之后，自己一方面表示接受，另一方面同时提出自己的对等条件，以此平衡对方的单方面优势，缓解自己被迫接受对方条件所可能带来的屈辱感。

采购经理人申先生到一个马来西亚跨国公司采购部门担任负责人。履职一段时间以后，他向董事会打了个报告，提出希望公司给他拨款20万元，对本部门人员进行采购知识和技能方面的培训。

不久，董事长请他见面，说：“我们讨论了你的报告，决定给你20万元。”

董事长这么爽快就同意了，申先生简直是欣喜若狂。

“你先别高兴得太早了！”董事长接着说：“我们的同意是附有条件的。为了让董事会看到这次培训的效果，我们给钱的条件就是：你们财务部门在下一个会计年度里要为公司省下最少5000万元的采购成本。”

实际上，不论是利益分配式谈判抑或是纠纷解决式谈判，“要求对价”的策略都有着广阔的运用空间。在任何情况下，只要你准备作出让步，那就一定要要求对方为获得这一让步所产生的利益而付出相应的对价。

回到“土山约三事”，可以说，关羽非常娴熟地运用了这一技巧，积极主动地提出了“三约”，来应对张辽劝降的“三罪”。以“三约”对“三罪”，三对三，维持了形式上的公平性。

张辽应诺，遂上马，回见曹操，先说降汉不降曹之事。

操笑曰：“吾为汉相，汉即吾也。此可从之。”

辽又言：“二夫人欲请皇叔俸给，并上下人等不许到门。”

操曰：“吾于皇叔俸内，更加倍与之。至于严禁内外，乃是家法，又何疑焉！”

辽又曰：“但知玄德信息，虽远必往。”

操摇首曰：“然则吾养云长何用？此事却难从。”

辽曰：“岂不闻豫让众人国士之论乎？刘玄德待云长不过恩厚耳。丞相更施厚恩以结其心，何忧云长之不服也？”

操曰：“文远之言甚当，吾愿从此三事。”

张辽非常清楚自己的身份。对于关羽提出的三项投降条件，他并没有自作主张，而是忠实地带回去告诉决策者——曹操。只不过在告诉的方式上，张辽做了调整：他不是像关云长一般把三项条件一口气交代清楚，而是按照先轻后重、先易后难的顺序逐一告诉曹操的，曹操同意一个，他再说另一个，从而逐一解决问题。

关羽的三项条件中，第一项是名义问题，对于重视实际利益的曹操而言，根本不构成障碍："吾为汉相，汉即吾也。"说得更直白些就是：汉帝受我控制，朝廷的实权都在我手里，投降他，不就是投降我吗？但是，对关羽而言，这个问题却关系到大义名分，关系到自己的脸面，关系到投降的正当性问题，非常重要，所以放在第一个。

第二项条件涉及刘备的两位夫人的待遇和安全问题。就关公而论，这一方面关系到其履行对于刘备的承诺，所谓"大丈夫一诺千金"；另一方面也可能与曹操及其手下喜欢骚扰敌方女眷的不良名声有关，因此有必要提前说清楚，免了后顾之忧。毫无疑问，在这次招降关羽的事件中，曹操的注意力牢牢固定在关云长身上，根本对刘备的两位夫人没有兴趣，同时俸禄待遇更不在话下，所以他答应得也很爽快。

根据张辽对曹操的了解，第三项条件是其接受起来最困难的，所以张辽放到了最后。这其实是变相运用了"得寸进尺"（蚕食）策略。总共三项条件，其中两项都同意了，如果卡在最后一项上，整件事情因此黄了，对曹操来说其实也是遗憾和损失：之前的谋划和心血无疑都白费了。但是让曹操接受"关羽先投降自己，一旦有刘备消息，就离开曹营前去寻找"这样的条件，还是很困难，因为这很明显就把曹操这里当成了临时歇脚处了，不给住宿费、伙食费不说，还得倒贴工资津贴，这买卖怎么计算都不划算。

在曹操犹豫不决之际，张文远则适时地推动了一把："丞相啊，这事儿你别犹豫。你要看到问题实质。你看，云长对刘备这么忠诚，实际上就是由于刘备对他好而已。那反过来，只要你对他更好一点，还担心他不对你更加忠诚吗？”言外之意就是：“这兄弟还没投降就想着跑路，这不是他的问题，是丞相你的问题啊！是因为你对他不够好啊！所以，丞相大人你别担心，只管甩开膀子对他好吧，他会以忠诚回报你的厚恩的。”

于是，曹操被说服了！

第二十课

让对方付出成本

当你进入一种谈判情境，在正式报价之前，必须首先提升对方的谈判意愿，而做到这一点的一条捷径就是想办法让对方付出更多的成本：金钱、时间、精力、热情、耐心、感情、社会关系等。对方付出的前期成本更多、更高，在接下来的谈判中，对方对你方的无理要求甚至你们双方之间偶发的矛盾冲突的耐受力也就越强，谈判破裂、双方彻底决裂的可能性也就越来越低。

不论是购买商品或服务，还是请求老板加薪、找别人借钱、找对方沟通以解决纠纷，都会涉及一个非常关键的问题，那就是对方的谈判意愿问题。

谈判中，一个非常重要的原理是：对方花费的时间、精力、心血越多，其与你合作，促成谈判成功的意愿也就越强。

我们先分享日本著名律师大桥弘昌的一个故事。

大桥弘昌1992年在位于达拉斯的南卫理工会大学的法律专业研究院留学，他想买一部二手汽车。在州际高速公路旁，有很多车行，他选择了其中一家走了进去，并且一眼就看上了一部不错的汽车，标价11000美元。

他找到销售员，开口问道："我想要这辆车，8000美元怎么样？"

销售员直接回答道："不行啊！"然后，就抛下他去招呼其他顾客了。

大桥感觉受了冷落，于是他离开了那家车行，前往隔壁的另一家。在那里，他发现了一辆通用汽车公司生产的白色的GEO Prizm，和刚才那辆属于一个档次，而且看上去更新一些。吸取了上次的教训，他并没有一上来就谈论价格，而是问"这部车之前经过几次手啊？""它的性能怎么样？""刹车系统正常吗？""之前有没有发生过事故？""维修过几次？"……面对这一大堆问题，销售员耐心地做了回答，有些记不清楚的，还特意查找了资料。

然后，大桥还进行了试驾，销售员陪在他的身旁，在车行周围开车跑了一圈。大桥一边开车一边继续提问，销售员也一直努力地为他解答。这样一个小时过去了，大桥才问道："我喜欢这部车，8000美元怎么样？"

销售员答复说："实在抱歉，您的出价太低了。我们起码要卖 9900 美元。"

于是，双方经过讨价还价，最终以 8500 美元的价格成交。

大桥后来总结说：取得这样的成果，"这也得益于经销商的心理：既然已经在他身上花费了很多时间，说什么也要把这部车卖给他"[①]。

为什么第一家车行的销售员的谈判意愿并不强烈呢？道理很简单，因为其在大桥身上没有付出什么成本。大桥前去直截了当地询价："8000 美元怎么样？"时，一方面，这个报价和销售员心里的目标价位相差很远，预计通过谈判从 8000 美元达到这个目标价位需要很大的努力。另一方面，大桥只是简单地看了下外观便进行了询价，无法让销售员确认你确实是对这部车感兴趣，而不是一个简单地随便问问的过路人。在这种情况下，当他无法确定你的购买意向，且店里的顾客足够多时，销售员便没有动力在你身上耗费更多的情感、时间和精力。

第二家车行的情形迥然有别。通过对于特定车辆信息的详细问答和试驾，大桥一方面呈现出了对于该车辆浓烈的兴趣、强烈的购买意向，使销售员产生了这一单成交的可能性很高；另一方面则不知不觉间占用了销售员巨量的时间和精力，在付出的积淀成本越来越高的情况下，即使大桥的首次开价或许并不令人满意，销售员也不会恼羞成怒火速退出谈判，而是试图继续耐心地向大桥证明这部车的价值。

大桥的故事告诉我们，当你进入一种谈判情境，在正式报价之前，必须首先提升对方的谈判意愿，而做到这一点的一条捷径就是想办法让对方付出更多的成本：金钱、时间、精力、热情、耐心、感情、社会关系等。对方付出的前期成本更多、更高，在接下来的谈判中，对方对你方的无理要求甚至你们双方之间偶发的矛盾冲突的耐受力也就越强，谈判破裂、双方彻底决裂的

① ［日］大桥弘昌：《不败的谈判技巧》，张军伟译，机械工业出版社，2008 年版，第 2—4 页。

可能性也就越来越低。

以婚姻制度为例，中国传统社会讲究男尊女卑、夫为妻纲。在婚姻关系中，男方居于优势支配地位，可以纳妾，可以出于各种理由休弃女方。对女方而言，这当然意味着对于婚姻的安全感的弱化。于是，为了强化女方的安全感和婚姻的稳定性，就设计出了诸多制度来让男方为婚姻付出更多的成本，比如订金、彩礼、聘礼等。特别是其中的聘礼，对很多家庭来说，都是一个天文数字，给男方家庭带来了巨大的经济负担。但是，正是因为结一次婚，男方及其家庭付出了巨大的成本，对他们的经济状况来说可谓是伤筋动骨，好多年才能恢复过来，所以，虽然在制度上男方有着很高的优势支配地位，但是基于对高额的结婚成本深入骨髓的恐惧，实际上在古代社会，离婚率却出人意料的低。

反观现代社会，立基于男女平等、自由恋爱而缔结婚姻关系，不再依靠巨大的订金、彩礼、聘礼等财物来维持自身的稳定性，而是主要依赖处于平等地位的男女双方之间的深厚的感情。但是感情是不稳定的，而且受到其他外部因素的影响极易发生变动，低成本的结婚自然会导致作出离婚的决定非常容易，所以现代社会离婚率大幅度攀升也就可想而知了。

因此，为了维护社会婚姻家庭关系的稳定性，在结婚的成本无法发挥其"压舱石"功能之时，现代社会有意或无意地提升了离婚的成本，比如将"在婚姻关系存续期间所得的财产"作为夫妻的共同财产，归夫妻共同所有，在离婚时公平分配，并适当照顾女方、子女和无过错方；以及如果夫妻一方因抚育子女、照料老年人、协助另一方工作等负担较多义务的，离婚时有权向另一方请求补偿，另一方应当给予补偿；等等。但是上述现代婚姻法律制度增加的离婚成本，与传统社会男方及其家庭高昂的结婚成本相比，仍然是小巫见大巫，其对现代社会婚姻家庭关系的稳定性所发挥的"稳定器"功能注定是有限的。

总之，如果你认识到"让对方付出成本"这一技巧的价值，那么在谈判中，就应当积极主动地运用它，从而提升对方的谈判意愿。

在谈判课的期末考试时，我经常给学生出一道考题：

“你是一个中国企业的采购员，你们正在和一家巴西的矿业公司就采购铁矿石的项目进行接触。你在犹豫，应该招呼对方来你的地盘谈判，还是自己去对方的地盘（你没有去过巴西，很想去看看，顺道玩几天）。你准备如何选择？为什么？”

这道题满分10分，但绝大多数学生只能得3分。因为他们会下意识地选择去巴西谈判，认为这样可以兼顾游玩和工作，何乐而不为？

但是，在题目给定的条件下，作为专业的谈判者，你应当招呼对方来自己的地盘谈判。这样做的理由，除了能给公司节省差旅费，以及你可以利用主场优势方便快捷地调动各种资源之外，最重要的一点就是这样做能让对方付出成本。请想一想，对方的谈判代表，不远万里，花费了公司大笔的金钱，又是机票钱，又是住宿费、餐饮费，花费了1个月的时间，耗时费力，谈判的结果却是一无所获，回去之后是没办法向公司交代的。因此，来中国谈判，会给对方谈判代表带来巨大的压力，其达成谈判协议的意愿也会非常强烈。

再举个例子，作为一个女生，面对男孩子的求婚，即便你特别愿意接受，一般也不要显得那么迫不及待：“哇，太好了，太荣幸了，我等你表白很久了。”而是不妨换个说法：“谢谢你的欣赏，只是这个太突然了，我得回去好好想想，你能给我一点时间去考虑吗？”这样说可以让对方有充分的时间在忐忑不安、痛苦焦虑、辗转难眠中等待着你的“终审判决”。在经过一段时间的“认真”考虑之后，你再约对方见面，郑重地告诉他你的决定以及理由。对于男方而言，这种时间、精力、情感的消耗，其实都是前期付出的成本，在一定意义上它们会有助于日后婚姻生活的稳定。

再讲一个维护员工团队稳定的例子。

我有个朋友，在北京开了一家公司，自己做老板。

有一次，我们一起聚餐，她向我请教："大白，我有个烦心事，跟你讲讲。你可不知道，现在的'90后'特别不靠谱，工作能力差不说，还不能说。你只要批评一次，话说得稍微严重点，二话不说就辞职。年初招上十个人，到了年末，能留下两个就不错了。这导致公司人员特别不稳定，刚花大精力培养出一个来，一点不顺心就辞职不干了。你说这该怎么办？"

"现在的小孩子都是这样，在家里都是独生子女，被当作掌上明珠，爸爸疼、妈妈爱的，从小基本上是在鼓励的环境中长大的。不像我们'70后''80后'，兄弟姊妹几个争宠，被父母批评训斥甚至挨揍都是家常便饭，所以养成了皮糙肉厚、宠辱不惊的好品德，因此在工作中经得住骂、受得了气。"我一方面安慰她，让她接受现实；另一方面也提示她在招聘过程中不妨提前采取一些预防措施、筛选措施，比如不要轻易地给求职者 offer，而是让对方付出更大的成本才能进入公司工作，等等。当然，如果有必要，提高辞职离开公司所要付出的成本，也是可以考虑的选项。总的目标就是借此降低员工情绪化离职的可能性。

在明白了"让对方付出成本"这一技巧的用法之后，你不妨透过它去分析很多故事，这时你会看到许多更加深入的东西。

"刘备三顾茅庐，请诸葛亮出山辅佐"的故事，读者诸君定然耳熟能详。但是，仔细想想，诸葛亮隐居在隆中，整天住在茅草屋里，真的是如他自己所说，是"苟全性命于乱世，不求闻达于诸侯"吗？实际上并非如此，那么说只是自谦之辞。他表面上一袭布衣，"躬耕于南阳"，过着与世无争的日子，实际上却不关心农务耕作，而是操心国家大事，沉浸于政略兵法、天下形势。从这一角度看，即使刘备不来邀请，诸葛亮也会出来找工作，而不是一辈子隐居种地。

经过徐庶和司马徽推荐，刘备知道了诸葛亮的大名，听说了他的经天纬地之才，于是带着关羽、张飞专程到隆中卧龙岗去拜访诸葛亮。

第一次去，《三国演义》里面描写道：

玄德来到庄前，下马亲叩柴门，一童出问。

玄德曰："汉左将军宜城亭侯领豫州牧皇叔刘备，特来拜见先生。"

童子曰："我记不得许多名字。"

玄德曰："你只说刘备来访。"

童子曰："先生今早少出。"

玄德曰："何处去了？"

童子曰："踪迹不定，不知何处去了。"

玄德曰："几时归？"

童子曰："归期亦不定，或三五日，或十数日。"

玄德惆怅不已。

张飞曰："既不见，自归去罢了。"

玄德曰："且待片时。"

云长曰："不如且归，再使人来探听。"

玄德从其言，嘱付童子："如先生回，可言刘备拜访。"

三人意兴阑珊返回新野，刘备不停地使人探听诸葛亮的消息，真的是求贤若渴。有一天，打探消息的人回报说："卧龙先生已回矣。"刘备便教备马，关、张二人乘马相随，冒着隆冬严寒、交加风雪，去访诸葛。不想，这次遇到的却是诸葛亮的弟弟诸葛均。

玄德曰："卧龙今在家否？"

均曰："昨为崔州平相约，出外闲游去矣。"

玄德曰："何处闲游？"

均曰："或驾小舟游于江湖之中，或访僧道于山岭之上，或寻朋友于村落之间，或乐琴棋于洞府之内：往来莫测，不知去所。”

两次拜访都没有见到本尊，刘备并没有放弃，不得不说，刘备的耐心和涵养真的是超凡脱俗。回去以后，刘备又是算卦占卜，又是斋戒沐浴，真的是正心诚意，然后再次启程出发访孔明。

不想，第三次去拜访，诸葛亮在家，但是人家大白天正在睡觉。

童子曰：“今日先生虽在家，但今在草堂上昼寝未醒。”

玄德曰：“既如此，且休通报。”

分付关、张二人，只在门首等着。玄德徐步而入，见先生仰卧于草堂几席之上。玄德拱立阶下。

半晌，先生未醒。

关、张在外立久，不见动静，入见玄德犹然侍立。

张飞大怒，谓云长曰：“这先生如何傲慢！见我哥哥侍立阶下，他竟高卧，推睡不起！等我去屋后放一把火，看他起不起！”

云长再三劝住。玄德仍命二人出门外等候。

望堂上时，见先生翻身将起，忽又朝里壁睡着。童子欲报。玄德曰：“且勿惊动。”

又立了一个时辰，孔明才醒，口吟诗曰：“大梦谁先觉？平生我自知。草堂春睡足，窗外日迟迟。”

孔明吟罢，翻身问童子曰：“有俗客来否？”

童子曰：“刘皇叔在此，立候多时。”

孔明乃起身曰：“何不早报！尚容更衣。”遂转入后堂。又半晌，方整衣冠出迎。

然后，诸葛亮就为刘备呈现了带有预言性质的战略分析——“隆中对”，并离开隆中，追随刘备，一生为其出谋划策，真的是“鞠躬尽瘁，死而后已”。

但是，反复研读“三顾茅庐”的故事，作为一个研究谈判的学者，我总觉得这是诸葛亮刻意的安排，谱儿摆得这般大，一方面借此来测试刘备的诚意和胸怀，另一方面则意图在双方正式合作之前，让刘备付出高额的成本，借以增加自己在日后谈判中的分量，使自己区别于那种“招之即来，挥之即去”的一般谋士。

当然，从刘备的角度来说，作为一个老谋深算的政治家，我不认为刘备看不明白诸葛亮的“小伎俩”，他只是非常清楚自己需要什么而已，所以刘备主动配合着诸葛亮的“表演”，可谓“看破不说破”。

第二次出发拜访诸葛之前，张飞劝说刘备：“诸葛亮就是一个村夫，何必大哥亲自前去，派个下人叫来就行了。”

刘备训斥他说：“你没听过孟子的话吗？想见贤人，就要按照贤人的道道；否则就是想让人家进来却关上大门，把人家排斥在外。孔明是当世大贤，怎么可以随便呼来唤去呢？！”

质言之，刘备心里很清楚，要请诸葛亮这样的人，必须按照诸葛亮定的规矩来。而反复折腾自己，当然就是孔明的“道道”（规矩），而自己必须心甘情愿地接受这种折腾，方能实现目标。

所以，在天寒地冻冒着风霜雨雪前去卧龙岗的路上，张飞又发表意见了：“天寒地冻，尚不用兵，岂宜远见无益之人乎！不如回新野以避风雪。”

刘备回应说：“吾正欲使孔明知我殷勤之意。”说白了就是：我正想使诸葛亮知道我的态度。

什么态度呢？我放下姿态，接受你的规矩。

实际上，两次求见不得，刘备准备第三次前去。在出发之前，刘备和关羽、张飞有一段对话，将刘备的真实想法说得更加清晰直白。

关公曰：“兄长两次亲往拜谒，其礼太过矣。想诸葛亮有虚名而无实学，故避而不敢见。兄何惑于斯人之甚也！”

玄德曰：“不然，昔齐桓公欲见东郭野人，五反而方得一面。况吾欲见大贤耶？”

张飞曰：“哥哥差矣。量此村夫，何足为大贤；今番不须哥哥去；他如不来，我只用一条麻绳缚将来！”

玄德叱曰：“汝岂不闻周文王谒姜子牙之事乎？文王且如此敬贤，汝何太无礼！今番汝休去，我自与云长去。”

在这里，刘备引用了“齐桓公见东郭野人”“周文王谒见姜子牙”的旧事来说服两位兄弟，从表面上看是在强调自己将效仿齐桓公和周文王敬贤礼士的态度，但是在更幽暗的层面，刘备无疑是在说：这些有本事的人，其实都是一个德行，我们必须给足了他们面子，他们才肯帮忙。

后记

本书是我所主张的“关系谈判学”的第一部。

在市面上，以“谈判”为主题的图书实际上已经有很多了，我为什么有必要冒着受野人献曝之讥的风险再在其中加上一本呢？

有必要指出，目前市面上的很多谈判著作在很大程度上依赖于西方谈判学，特别是美国谈判学。后者立基于个人主义文化，强调就事论事、人和事要分开的谈判思想。而中国文化包含一种关系文化，是一种强调整体性、强调密切联系的文化，这与以个体自我为中心的西方文化有着显著差别。因此，国人对于那种能够处理好各方面人际关系的人具有特别的偏爱，也就是说，理顺人际关系可能是一个人事业成功的基础。国人的谈判活动深受这种文化的熏陶和影响，从而形成了颇具中国特色的谈判风格和谈判理论，我将其称为“关系谈判学”。其核心的理念用一句话概括便是：在关系中赢得谈判，在谈判中增进关系。

在本书的写作过程中，这种对于独特的中国式谈判文化与谈判实践的认识一直萦绕在我的心头，挥之不去。正是此种对于中国式谈判的文化自觉，成为我分析诸种谈判实例、解释各种谈判现象的“理论底层”。读者诸君若能在阅读本书时从字里行间触摸到这种“中国性”，本书就算得上是成功了。

本书的出版面世，要感激我的恩师、清华大学法学院的林来梵教授。他最早提醒我注意“面子”这个中国文化独有的词汇及其所承载的文化意义。

我由此意识到“维护而不能戳破、提升而不能降低对方的面子”在中国式谈判中具有重大的价值，并将“面子”一词作为构建关系谈判学理论大厦的奠基性概念。

需要特别提及的是，本书的完成及出版端赖中国法制出版社赵宏女士的玉成。她敏锐的出版嗅觉使她认识到谈判的重要性，她的鼓励也使我自己认识到本书或许还具有些许价值，不至于坏人心智、误人银钱。更为重要的是，没有她不厌其烦的督促，我的懒惰将为本书的难产提供很好的理由。

在本书即将付梓之际，第二部《大白的谈判课：三国演义中的谈判技巧》正处在愉快的写作过程中。当然，如果读者喜欢，我可能会把这个系列一直创作下去，最后能够凑成可以号为“天龙八部”或“九阴真经”之类的系列作品，满足一下自己对于“八”“九”之类显示整体性、完满性的数字的迷之趣味。

最后，我诚挚地将本书献给它有幸“遭逢”的每一位读者，并希望诸位能借由阅读本书获得力量。

白斌

2022 年 10 月 26 日于里昂

图书在版编目(CIP)数据

大白的谈判课：人人用得上的 20 个谈判技巧 / 白斌著. — 北京：中国法制出版社，2022.11
ISBN 978-7-5216-2914-9

Ⅰ. ①大… Ⅱ. ①白… Ⅲ. ①谈判学 Ⅳ. ① C912.35

中国版本图书馆 CIP 数据核字(2022)第 175705 号

策划编辑：赵 宏
责任编辑：冯 运　　封面设计：杨泽江

大白的谈判课：人人用得上的20个谈判技巧
DABAI DE TANPANKE：RENREN YONGDESHANG DE 20 GE TANPAN JIQIAO

著者 / 白斌
经销 / 新华书店
印刷 / 北京海纳百川印刷有限公司
开本 / 710 毫米 ×1000 毫米 16 开　　印张 / 13.25 字数 / 182 千
版次 / 2022 年 11 月第 1 版　　2022 年 11 月第 1 次印刷

中国法制出版社出版
书号 ISBN 978-7-5216-2914-9　　定价：58.00 元

北京市西城区西便门西里甲 16 号西便门办公区
邮政编码：100053　　传真：010-63141600
网址：http://www.zgfzs.com　　**编辑部电话：010-63141832**
市场营销部电话：010-63141612　　**印务部电话：010-63141606**
（如有印装质量问题，请与本社印务部联系。）